Caderno de Artes Cênicas
Volume I

Valores Culturais

Caderno de Artes Cênicas
Volume I

SESI-SP editora

SESI-SP editora

Conselho Editorial
Paulo Skaf (Presidente)
Walter Vicioni Gonçalves
Débora Cypriano Botelho
Neusa Mariani

Valores Culturais

Comissão editorial
Celio Jorge Deffendi
Álvaro Alves Filho
Débora Viana
Alexandra Miamoto
Maria do Carmo Munir
Vaneide de Castro
Deivid de Souza

Editor
Rodrigo de Faria e Silva

Editora assistente
Juliana Farias

Produção gráfica
Paula Loreto

Apoio à produção gráfica e pesquisa
Marco Antonio de Lima
Leornardo Cândido da Silva (estagiário)

© SESI-SP Editora, 2012

A cultura como fonte de transformação

A base de uma nação livre é a formação plena do cidadão construída pela preservação de seu patrimônio cultural. O SESI-SP, ao acreditar na arte e na cultura como agentes de evolução social, incentiva, fomenta e difunde manifestações artísticas em diversas áreas de expressão, do clássico ao experimental, da tradição à vanguarda.

A série **Valores Culturais** foi criada para ampliar e disseminar o conhecimento ao público de todas as idades e constitui uma ação de inclusão e melhoria da qualidade de vida de industriários, familiares e comunidade, integrantes de uma sociedade capaz de pensar e agir por si mesma e de interagir com seu tempo e espaço.

O SESI-SP, convicto do seu papel na construção de uma sociedade independente, livre e democrática, vem desenvolvendo uma agenda de integração entre direitos culturais, educação e políticas sociais e de desenvolvimento.

Como instituição atuante, fonte de informação, cultura e riqueza intelectual, a entidade promove atividades nas diferentes linguagens artísticas, formando novos públicos e atraindo o interesse em torno da cena contemporânea. Assim, cria espaços privilegiados para o diálogo entre arte e público, treinando seus profissionais e incentivando os professores como singulares agentes de mediação.

Paulo Skaf
Presidente do SESI-SP

Dados Internacionais de Catalogação na Publicação

Serviço Social da Indústria (São Paulo)
    Caderno de artes cênicas: volume 1 / Serviço Social da Indústria (São Paulo) ; [prefácio Maria Della Costa] - São Paulo: SESI-SP editora, 2012. (Valores culturais)
    104 p. il.

    ISBN 978-85-8205-027-9

    1. Teatro 2. Artes cênicas 3. Performance I. Della Costa, Maria II. Título

CDD – 792.02

Índices para catálogo sistemático:
1. Teatro
2. Artes cênicas : Performance

Bibliotecárias responsáveis: Elisângela Soares CRB 8/6565
                                    Josilma Gonçalves Amato CRB 8/8122

SESI-SP Editora
Avenida Paulista, 1313, 4º andar, 01311 923, São Paulo - SP
F. 11 3146.7308 | editora@sesisenaisp.org.br

Sumário

Prefácio — 8

Cadernos de linguagens — 10

Abrindo o caderno de artes cênicas — 13

Primeiras anotações e história — 15
[O que é, quando surgiu e como se desenvolveu a linguagem cênica]

Estrutura da linguagem cênica — 25
[Como a linguagem é composta ou dividida]

Unidade de expressão — 33
[Como a linguagem é minimamente representada]

Evolução, períodos, movimentos e escolas — 36
[Como a linguagem mudou com o passar do tempo no mundo e no Brasil e como ela é composta]

Elementos da linguagem — 40
[Novas tecnologias e novos materiais são agregados com o passar do tempo]

Gêneros e tipos — 55
[Diferentes categorias nas artes cênicas]

Expoentes — 68
[Nomes de destaque, pessoas que fizeram a diferença ao longo da história]

Códigos da linguagem — 84
[Como se portar em espetáculos cênicos]

Símbolos — 89
[Como as linguagens são representadas]

Curiosidades — 91
[Conceitos e suas diferenças básicas]

Para saber mais — 94
[Filmes, livros e músicas]

Prefácio

Sou uma mulher feliz, pois sempre trabalhei pela cultura. Muito me orgulho de ter feito parte do movimento de renovação do teatro brasileiro, lançando jovens autores nacionais e importando diretores como Gianni Ratto, do Piccolo Teatro de Milão, que veio da Itália dirigir *O Canto da Cotovia*, peça que inaugurou o Teatro Maria Della Costa.

Esse teatro demorou dez anos para ser construído. Nossa companhia viajava pelo Brasil de Norte a Sul sem nenhum luxo. Encenávamos uma peça por noite e eu mesma desfazia as malas e passava as roupas. O único objetivo de tudo isso era levantar fundos para a construção da nossa sede. Usávamos todo tipo de transporte: de caminhões pau de arara a aviões antigos da FAB. Dormíamos em pensões, tomávamos banho de bacia. Certa vez, mal alimentada, cheguei a necessitar de transfusões de sangue. Tudo em nome do teatro.

Como se não bastasse, ainda enfrentamos três ditaduras: duas brasileiras — a de Vargas e a militar — e uma em Portugal — a de Salazar. Esta última quase me deixou cega devido às bombas lançadas ao palco por conservadores aliados do regime. Alguns gritavam "Fora, comunistas" e "Fora, Prestes". Luís Carlos Prestes era presidente do Partido Comunista Brasileiro, não tinha nada com isso. A peça em questão era *A Alma Boa de Setsuan*, de Brecht, autor considerado avançado para a época.

Vale citar aqui uma atenuante ao episódio: Sandro Polloni, ao perceber a enorme confusão, atirou-se ao chão e fingiu ter sido atingido; quando o vi caído, comecei a gritar pedindo para sair do país. Vendo-me nervosa, ele piscou para mim e eu continuei com a farsa. Felizmente, tudo parou e se acalmou. O embaixador brasileiro Álvaro Lins subiu ao palco e disse que toda a companhia estava sob a proteção da embaixada brasileira. Por fim, o espetáculo terminou às 4h da madrugada e nós voltamos ao hotel escoltados pela polícia.

Aqui no Brasil, durante o governo de Juscelino Kubitschek, estávamos vivendo uma época de prosperidade econômica e cultural. O presidente havia injetado ânimo e motivação nos artistas e intelectuais. A construção de Brasília foi um marco nessa ocasião. Porém, a ditadura militar que se instalou em 1964 arruinou nossa alegria. Travamos uma luta pela volta da democracia durante 20 anos. Ocorreu um enorme retrocesso na vida cultural do país; fomos obrigados a vender nosso amado teatro devido à perseguição constante e implacável da censura.

O segredo da minha existência é o amor intenso pela vida, pelo ser humano, pela arte de bem viver. Essa foi a lição que recebi da minha terra, da minha família e do teatro, a lição que pude refinar em cena, ao lado de grandes personalidades, em prol das melhores causas, com o olhar pairando por tantas culturas. No fundo, a arte é isto: o encontro do que é humano, intensamente humano, afirmação do bem maior, comum.

O SESI-SP, em sua grande obra a favor do teatro, segue esse caminho, busca levar às pessoas a beleza e a força do palco para falar de amor à vida e de humanidade. O teatro, como grande arte que nos comove e como cultura, tradição, caminho percorrido, comunicação, está nas obras da instituição. Assim, estamos diante de pessoas presas a um compromisso maior: o voto sincero de abrir horizontes, mentes, corações. Que essa força persista para o bem de todos nós que acreditamos no valor de uma vida mais humana e mais feliz.

Carinhosamente,
Maria Della Costa

Leitura

Cadernos de linguagens

O conhecimento distingue, aproxima, quando apropriado, transforma. A série **Valores Culturais** dedica-se aos aspectos gerais das artes, resgatando cenas do passado e contextualizando momentos importantes da história.

Os cinco primeiros volumes objetivam facilitar o trabalho dos mediadores e multiplicadores da informação, ao proporcionar o acesso às diferentes linguagens — artes cênicas, artes visuais, audiovisual, literatura e música — bem como às suas formas de expressão. A premissa da área de cultura do SESI-SP é que, ao entendê-las melhor, os aprendizes habilitam-se a apreciá-las ainda mais nos diversos eventos de sua programação — exposições; concertos de música erudita e popular; espetáculos de dança, circo e teatro; exibições de filmes; encontros com escritores em favor da **leitura**; cursos, oficinas e workshops.

A proposta não é a de encerrar nenhum assunto, e sim abrir discussão, mantendo a cultura e a arte numa sempre saudável, acalorada e renovada pauta. Por meio de pílulas de concisão, as informações são levadas numa abordagem fluente que estimula a curiosidade e a leitura de educadores, mediadores, agentes culturais e de todos os interessados nas diferentes áreas artísticas que o SESI-SP vem promovendo e patrocinando ao longo de mais de 60 anos.

Nos cinco volumes que iniciam a série, os temas são organizados segundo três tipos de conteúdo — estrutural, educativo e socializante —, que buscam o preparo para a compreensão estética. São informações importantes para a construção de sentidos, para ir além do gostar ou não gostar na relação que se estabelece entre o espectador e a produção artística. Esses conteúdos preparam o caminho para o encontro com a arte. Um encontro muitas vezes silencioso e particular, outras vezes coletivo e especial, mas sempre sensível e subjetivo, capaz de transformar pela **fruição** o espectador em contemplador, fruidor, operador, participante, receptor.

O conteúdo estrutural trata da origem e do desenvolvimento de cada linguagem no decorrer do tempo, discorre sobre cenários históricos, organização, técnicas, materiais, principais correntes, tendências, personalidades, expoentes e caminhos que estão sendo trilhados na contemporaneidade.

No conteúdo educativo, expressão e contexto são correlacionados, as informações são direcionadas aos agentes culturais, orientadores, bibliotecários e educadores — no exercício de suas atribuições como mediadores, facilitadores e multiplicadores — de modo a permitir às pessoas leigas conhecerem e usarem referenciais mínimos para decodificar o universo de sons, textos e imagens presente cotidianamente no mundo da comunicação e da arte, onde tudo é texto — sonoro, verbal e visual.

A compreensão plena exige modos de participação do espectador, disponibilidade para o encontro com o outro, atenção ao seu próprio estado de pensar e sentir, consciência de suas referências pessoais, abertura para realizar as múltiplas leituras possíveis e associá-las ao seu saber, desejo de superar conceitos e preconceitos, generosidade para compartilhar pontos de vista e significações com o outro e fome de conhecimento.

Comunicação, arte, design, estética, semiótica, filosofia, psicanálise, o estudo das sensações, ou a teoria da sensibilidade, são fenômenos ligados à percepção por meio dos sentidos. Estudar os signos e as linguagens é uma forma de acordar e capacitar a produção de sentidos,

Fruição

A partir do hábito de frequentar e vivenciar ambientes culturais, o espectador passa a ser um fruidor, um sujeito capaz de construir sua bagagem cultural, apreciar diferentes formas de manifestações artísticas, compreender estilos diversos, integrar o entendimento da arte com o entendimento do mundo. Esse hábito é criado dentro e fora do ambiente familiar e dentro e fora do ambiente escolar, como em auditórios, circos, galerias, museus, parques, salas de espetáculos e teatros. Vivenciar a arte significa senti-la, percebê-la, entendê-la. Essa leitura, percepção e apreciação de uma obra de arte é a fruição. Uma forma de deslumbramento, apropriação, aproveitamento e satisfação.

> **Estética ou aestesis**
> Glorificação dos sentidos, uma maneira de estar presente no presente, um sentimento que a obra de arte é capaz de ativar no espectador, fazendo-o sair e voltar para o mesmo lugar, estando ele, o espectador, diferente. É uma investigação dos princípios e formas que auxiliam a captação humana da realidade e impressionam os sentidos.

de criar processos significativos na natureza e na cultura. Esse estudo está baseado na ideia de que uma estrutura narrativa se manifesta em qualquer tipo de texto, considerando texto as diferentes manifestações humanas contidas na dança, na arquitetura, na televisão, no cinema, na moda, na música, na publicidade, na literatura, entre outras expressões artísticas e formas de comunicação e **estética**.

O conteúdo socializante e de serviço refere-se às relações dos indivíduos entre si, às obras e seus executantes. São dicas específicas de fruição nos diferentes espaços e eventos artísticos, uma forma de garantir a todos os visitantes e espectadores a plena satisfação de suas próprias expectativas e uma leitura descomplicada dos códigos adotados em cada área, como o triplo sinal sonoro que antecede as apresentações teatrais; a fita amarela diante da obra de arte; o silêncio, o ruído e as manifestações sonoras da plateia; o cochicho imperceptível com o companheiro ao lado nas sessões de cinema; a pausa do palestrante; os intervalos antes das execuções musicais e de dança; as movimentações de palco.

As apresentações suscitam emoção e fortes reações no público; é importante experimentá-las intensamente, mas igualmente importante é saber controlá-las para que outros possam obter a mesma recompensa da experiência cultural.

A série **Valores Culturais** vem atender a uma demanda crescente, fazendo da frequência à programação cultural do SESI-SP uma vivência ainda mais gratificante. Em cada evento existe um modo adequado de interagir e apreciar o que de melhor a humanidade tem oferecido desde o início dos tempos: a arte — expressão do surpreendente.

Abrindo o caderno de artes cênicas

Formas primitivas de representação existem desde os primórdios da vida do homem. Chamam-se artes cênicas as representações performáticas desenvolvidas no circo, na dança, na ópera e no teatro e o conjunto de técnicas pertencentes a cada uma dessas **linguagens**. Quando a luz da plateia silencia e a do palco sussurra, as cortinas revelam o mistério que o circunda — som, iluminação, coreografia, cenografia, cenotecnia, figurino, maquiagem, bonecos e formas animadas e um sem-número de encantos —, enquanto profissionais da área, como dramaturgos, produtores, técnicos, encenadores, diretores, atores, dançarinos, narradores, palhaços, malabaristas, mágicos, bonequeiros, manipuladores, **ventríloquos** e muitos outros aproximam, ao vivo, o público de comédias, tragédias, autos, óperas, farsas, melodramas, pantomimas, monólogos, jogos cênicos, magia, palhaçadas e brincadeiras.

Essa vivência propicia o desenvolvimento do aprendizado, da sensibilização sonora e do pensamento artístico, aguça a criatividade, nutre a necessidade de contato com o universo lúdico e incentiva o diálogo e a aproximação entre as pessoas. Observar o movimento dos corpos e os desenhos que traçam no ar e no solo incentiva a propriocepção, ou seja, a tomada de consciência em torno do discurso do próprio corpo, sua elasticidade e gestualidade, seus limites e possibilidades, a psicomotricidade.

Boneco de ventríloquo

Linguagem
Produto social que deriva da relação dos homens entre si e os diferencia dos animais. Na sua forma mais primitiva, não exprime pensamentos ou ideias, mas sentimentos e afetos, podendo ser verbal, quando é escrita ou falada, ou não verbal, quando é visual. Diferentes linguagens compõem o processo de comunicação, sendo constituídas por elementos próprios e por características específicas, como a linguagem cênica, cinematográfica, literária e musical ou a linguagem das artes visuais, do rádio, da TV, da publicidade e outras. Elas podem ser descritas como a soma entre *o que é* expresso e *como* se expressa alguma coisa.

> **Repertório**
> Conjunto de signos e experiências dotado de significação e importância em seu modelo comunicacional e conhecido ou assimilado pelo indivíduo ao longo do tempo. Esse estoque adquirido cresce com as experimentações do ser humano, com suas incursões no universo cultural, e o auxilia na aquisição de novos conceitos, valores, novas informações, competências, práticas e saberes próprios, que o diferenciam dos demais, o tornam especialmente perceptivo e apto a realizar novas associações e aquisições.

> **Diversidade cultural**
> Com o passar do tempo, a cultura adquiriu formas diversas, manifestas na originalidade e na pluralidade de identidades que caracterizam os grupos e as sociedades, propiciando o desenvolvimento de capacidades criadoras e meio de acesso a uma existência intelectual, afetiva, moral e espiritual satisfatória. Os direitos culturais são parte integrante dos direitos humanos, universais, indissociáveis e interdependentes. A diversidade cultural é fonte de intercâmbios, de inovação e de criatividade permanentes.

Para além das brincadeiras táteis, o jogo físico — biológico e mecânico — e metafísico — de presença e ausência, de revelar e esconder, de ser e estar, de dizer e calar, de seguir e burlar regras, entre outras dualidades — amplia o **repertório**, legitima o enfrentamento, a livre experimentação, a coragem de ir adiante e assumir riscos sem temer a exposição, sem o receio de vivenciar outros papéis.

Desde que fundou a companhia Teatro Experimental do SESI — encenando sua primeira montagem no palco do Teatro Maria Della Costa —, a entidade sempre dedicou especial atenção à formação do espectador. Patrocinava montagens amadoras com elenco oriundo da classe operária, distribuía ingressos nas fábricas, reservava cotas para escolas públicas e organizava debates, seminários e palestras sobre teatro.

Hoje, presente em todas as unidades do SESI no Estado de São Paulo — 53 centros de atividades, 21 teatros, 20 núcleos de artes cênicas, um núcleo de dramaturgia e outro experimental de artes cênicas —, a área de desenvolvimento cultural também realiza parcerias com prefeituras para ampliar a rede de espaços cênicos. Neles, faz circular espetáculos profissionais de pesquisa de linguagem, incentivando sua portabilidade e adaptação a diferentes palcos ou a palcos alternativos, e montagens inéditas de companhias amadoras e profissionais, vindas de diferentes lugares, em respeito à **diversidade cultural**.

A partir de 2011, o SESI-SP estabeleceu uma programação de oficinas didáticas ministradas por atores e encenadores em mais de 170 escolas do seu sistema privado de ensino no Estado, criando um diálogo permanente entre cultura e educação.

Esses novos encontros auxiliam a mediação, a mobilização em torno de uma aprendizagem cultural da arte que se configura numa via de mão dupla, numa troca de informações entre aprendizes e mediadores, em desafios pessoais e coletivos de elucidar, interpretar e apreender. Ao distinguir fantasia e realidade, o homem cria laços com o seu tempo, usa sua liberdade para atuar e mudar de posição no jogo da vida.

Primeiras anotações e história

O ser humano é essencialmente cênico. Não há quem não tenha, em algum momento, desempenhado um papel, transfigurado-se num outro eu ou personagem. Essa **natureza farsesca**, essa tendência ao lúdico, em última instância, está a serviço da verdade, ainda que parta da ilusão e do imaginário para chegar a termo. Esse é o jogo dos homens. O tabuleiro é a vida, e as pessoas são peças que não se movem somente pelo aleatório da sorte, pelo fortuito rolar dos dados. Em alguma medida, determinamos o destino, fazemos o final da história.

As artes cênicas diferenciam-se das demais por ocorrerem num tempo e espaço, para deleite de uma assistência momentânea. Suas manifestações têm caráter efêmero, como os fatos da vida: uma sucessão de cenas num determinado tempo e espaço, nos quais o artista é o próprio veículo de sua obra — voz, gesto, atitude, emoção, motivação — e busca o **aplauso** das plateias.

A arte da representação pode ser encontrada no circo, na dança, na ópera, no teatro e em manifestações como cinema, televisão e publicidade. A magia acontece ao sentarmos na plateia, que fica normalmente no lado escuro do ambiente. Quando as cortinas se abrem, abdicamos de nosso eu para assumirmos o do protagonista, que está ali, adiante, de carne e osso sobre o palco iluminado e à vista de todos, ou projetado em imagens numa grande tela. Nesse faz de conta de ser outro sendo você mesmo, assumimos a farsa e ganhamos uma vivência emocional completa.

Aprecie um pouco mais de cada uma dessas maravilhosas tradições seculares, aproveite cada minuto da encenação e… bom espetáculo!

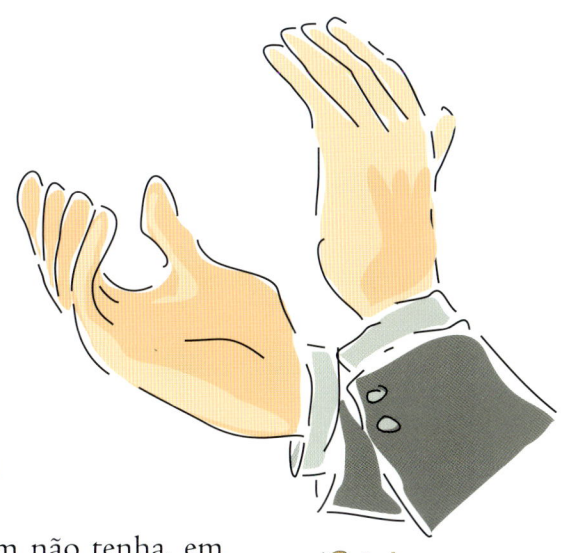

Aplauso

Natureza farsesca
Contida na natureza humana, permite-nos afirmar que as artes cênicas estão presentes na evolução social desde sempre.

Circo

Respeitável público!

O circo, como expressão artística, faz parte da cultura popular, visa divertir e entreter os espectadores. Tradicionalmente, é formado por famílias, cujos filhos crescem no ambiente circense e nele aprendem a arte com os pais.

Os espetáculos circenses atraem públicos de várias idades. Na China, contorcionistas e equilibristas deleitavam as autoridades monárquicas.

Em Roma, o chamado Circo Máximo era o local onde as massas plebeias se reuniam para assistir às apresentações circenses organizadas pelas autoridades imperiais. Pantomima, **contorcionismo**, **malabarismo** remontam o século XVIII, quando o picadeiro se consolidou na cultura popular.

Na Idade Média surgiram os artistas saltimbancos ou mambembes, que viajavam pelas cidades apresentando-se ao ar livre em troca de vinténs. Eles criavam e interpretavam diálogos burlescos, usavam de habilidades acrobáticas para seduzir a audiência e ganhar a vida com a venda de elixires milagrosos. Atribui-se ao inglês Philip Astley (1742-1814) a ideia de organizar o circo como um show de variedades assistido por um público pagante. Em 1768, ele criou um espaço onde, acompanhado por um tocador de tambor, apresentava um número de acrobacia com cavalos. O período era de crescimento das populações urbanas, o que garantia espectadores ao seu espetáculo.

Uma das mais tradicionais manifestações populares, o **Circo-Teatro** apresenta uma proposta bem mais modesta que a das grandes empresas circenses. Ele atinge um público fiel formado por assalariados, operários e trabalhadores braçais e suas famílias, enquanto os grandes circos se instalam nos centros urbanos e buscam um público de maior poder aquisitivo. O drama *E o Céu Uniu Dois Corações*, de Antenor Pimenta (1914-1994), é o mais encenado e de maior sucesso no universo do circo-teatro.

Contorcionismo
Era uma modalidade olímpica na Grécia Antiga, há mais de 2,5 mil anos. Há indícios mais antigos, de cerca de 5,5 mil anos, de que os chineses já o utilizavam no treinamento de seus guerreiros.

Malabarismo
Teria sido praticado em rituais religiosos da Antiguidade. Os chineses, ases da cerâmica, equilibravam pratos girando-os na ponta de uma haste de bambu. Gregos e egípcios utilizavam bolas, depois tochas acesas.

Dança

Um gesto, mil palavras

Dança é movimento e ausência de movimento. Ela existe desde o tempo em que as tribos primitivas batiam pés descalços no solo, quando perceberam que algo mais poderia acontecer se também batessem palmas. Certamente, foram esses os primeiros movimentos da dança, que nunca mais parou de evoluir.

O homem mal grunhia e já se comunicava pelo gesto. Nessa idade primeira, a dança foi a primeira linguagem corporal utilizada pelo ser humano, tendo absorvido todo um código de sinais, gestos, expressões fisionômicas e a eles impresso vários ritmos. A **dança** está no âmago do processo civilizatório, acompanha a evolução social desde o início e pode ser considerada, sem medo de errar, a arte mais antiga e completa que existe.

Os egípcios, há mais de 2 mil a.C., reuniam-se em grupos para cerimônias religiosas. O congraçamento do homem, por meio da dança, em rituais organizados enraizou-se posteriormente, na Grécia, com os jogos olímpicos, o teatro de arena e outras manifestações públicas. Nas festas romanas, uma dança sensual venerava Baco, o deus do vinho. O Japão ainda hoje faz uso da dança em rituais religiosos.

Seguindo adiante numa linha imaginária do tempo, o Renascimento — período de mudanças culturais que atingiu as camadas urbanas da Europa Ocidental entre os séculos XIV e XVI — encontra a dança sendo praticada em teatros. Surge o sapateado e o balé, apresentados na sua forma mais complexa em termos estéticos e técnicos. São os primeiros espetáculos teatrais, com uma estrutura mais completa e formada por músicas, passos, vestimentas, iluminação e cenários. Num salto harmonioso, teatral, chegamos ao século XIX, com novos ritmos — tango, valsa, entre outras danças em pares.

A dança, contudo, nem sempre foi bem aceita, principalmente pelos que têm aversão às mudanças no estabelecido, com o qual estão habituados. Apesar ou por causa deles, chegamos ao século XX e encontramos um efervescente ambiente de rebeldia, o rock-and-roll, e, posteriormente, outros ritmos entram em cena. O mundo contemporâneo, com sua fragmentação do cotidiano, velocidade acelerada, produção em massa, mídia global, rede digital, faz essa linha do tempo seguir em frente e, apesar desse contexto frenético, avassalador, uma boa discussão está em saber para onde a dança e as demais artes estão indo.

Dança contemporânea, clássica — os rótulos serão capazes de conter significados que transbordam de suas formas tradicionais? Como se pode verificar, ainda há e sempre haverá espaço para discussão, e a dança, a arte do movimento, continua em processo, em busca de compreender suas idas e vindas, suas correntes, seus modismos, suas influências e o seu próprio movimento: a coreografia da sua história.

Desde 2001, o Panorama SESI-SP de Dança oferece ao público, gratuita e anualmente, um recorte da **dança contemporânea** brasileira e/ou internacional. A curadoria do projeto valoriza artistas que criam uma escrita própria e que desenvolvem uma maneira autêntica e autoral de existir em cena, imprimindo sua marca nesses trabalhos. São artistas comprometidos com a evolução da arte, que criam linguagens, rompem regras e expandem fronteiras.

Ópera

Bravo!

Drama musical cuja interpretação de músicos e cantores se dá num contexto dramático, cênico, com utilização de elementos de figurino, cenário, iluminação, trucagens, efeitos pirotécnicos, adereços, objetos de cena e, mais recentemente, projeção de imagens.

Personagem da ópera *Pagliacci*

O ano é 1594, final do Renascimento. Um grupo de nobres florentinos autointitulado Camerata emprega seus mais sinceros esforços na composição de *Dafne*, do libreto do poeta Ottavio Rinuccini (1562-1621), com música de Jacopo Peri (1561-1633) e Giulio Caccini (1551-1618) — a primeira **ópera**.

No entanto, a partitura de *Dafne* acabou se perdendo, e *Eurídice* — obra em honra ao casamento de Henrique IV e Maria de Médicis, no ano de 1600 —, dos mesmos compositores, é considerada a mais antiga ópera documentada.

A música sempre fez parte dos espetáculos teatrais, mas até então não havia sido usada como veículo dramático, nem recebia o mesmo tratamento de importância em relação aos demais elementos cênicos.

Na ópera, a música não fica relegada à **polifonia** do tradicional **contraponto**. Imediatamente o público aderiu ao novo formato de contar histórias.

Ópera
O termo *opera*, no idioma italiano, significa trabalho, em latim, obra. Ação dramática que combina música instrumental e canto, podendo apresentar diálogos falados. Os cantores são acompanhados por um grupo musical que em algumas óperas pode ter a formação de uma orquestra sinfônica completa.

Polifonia
No âmbito da música erudita do Ocidente, refere-se à música medieval tardia. No Renascimento, representava a técnica de composição em voga, mas formas barrocas como a fuga também são polifônicas. Em suma, o termo refere-se a várias vozes. A polifonia também engloba a homofonia e o contraponto.

Contraponto
Técnica usada na composição onde duas ou mais vozes melódicas são compostas levando-se em conta a simultaneidade.

Os nobres florentinos do Camerata não poderiam imaginar àquela altura aonde seus esforços levariam a ópera. No seu apogeu, em meados do século XVII, surgiram teatros de ópera em várias cidades francesas e italianas. Viena e Hamburgo, na Áustria e Alemanha, tornaram-se grandes centros operísticos, sendo o teatro da cidade de Bayreuth um dos mais antigos da Alemanha. Essa pequena cidade ganhou fama por construir o teatro para as festividades dos dramas de Richard Wagner (1813- 1883).

Não demorou muito para a ópera encontrar caminhos e estilos diferenciados. De modo geral, ela se dividiu em séria e bufa. Aqui, não se trata de comicidade, o termo *bufo*, ou *bufão*, está mais ligado ao burlesco, rápido, mantendo o efeito dramático, embora frequentemente se convertendo ao picaresco, mundano e comum.

Os anos 1700 trazem o primeiro reformador do drama lírico, Christoph Willibald Ritter von Gluck (1714-1787). Austríaco, nascido e criado nos arredores da efervescente Viena, suas composições eram radicalmente inovadoras. *Alceste* pode ser considerada sua obra suprema.

Depois de von Gluck, vieram Wolfgang Amadeus Mozart (1756-1791), que se dedicou ao gênero de corpo e alma, Carl Maria von Weber (1786-1826), com sua ópera romântica alemã, Ludwig Spohr (1784-1859) e Heinrich August Marschner (1795-1861), que são seus contemporâneos.

O século XIX marca um passo gigantesco para a ópera com o surgimento de grandes compositores — Giacomo Meyerbeer (1791-1864), Jacques-François-Fromental-Elie Halévy (1799-1862), Jacques Offenbach (1819-1880), Hector Berlioz (1803-1869), Robert Schumann (1810-1856) —, cujas obras ocupam até hoje lugar de honra na programação de conceituados teatros do mundo inteiro.

Palco

Teatro

Um jogo de deuses e heróis

O teatro tem origem nos rituais dóricos ao deus Dionísio, na ação contemplativa — ver com atenção, *theaomai*, plateia, *thealtron*, ou o local de onde os gregos observavam o drama —, e é a representação de um conflito que envolve paixões, sentimentos ou normas de conduta, expresso em palavras, gestos e atos, com cenário e outros elementos, num **palco**, para um público de espectadores.

Não há uma explicação definitiva sobre a atração que as histórias exercem sobre as pessoas. De fato, a vida sem arte e aventura seria extremamente sem graça. Por isso, as pessoas desejam experiências que na vida comum são inconcebíveis, impossíveis ou, no mínimo, improváveis. A realidade atua como a força da gravidade, que prende as pessoas sobre a superfície terrestre. A ficção, ao contrário, faz o homem flutuar com leveza sobre a plenitude de suas emoções.

> **Expressão religiosa**
> O teatro, assim como a escrita, foi usado originalmente como manifestação do sagrado.

Antes mesmo dos gregos, os budistas da China Antiga usavam o teatro como forma de **expressão religiosa**. No Egito, um grande espetáculo popular contava a história da ressurreição de Osíris e da morte de Hórus.

> **Brama ou *Brahma***
> Considerado no hinduísmo a representação da força criadora ativa no universo.

Na Índia, acredita-se que o teatro tenha surgido com o **Brama**. Nos tempos pré-helênicos, os cretenses homenageavam seus deuses em teatros. Porém, foram os gregos antigos que construíram os primeiros edifícios teatrais de que se tem notícia. Eram ao ar livre, com assentos dispostos numa colina elevada e, logo abaixo, no nível inferior, ficava o palco, nada além de um relvado demarcado pela linha do imaginário.

> **Teatro**
> A origem etimológica do termo vem do verbo grego ver, *theorein*, que é também raiz da palavra teoria.

O **teatro** grego, ao contrário do que se imagina, não começou com atores, isso porque as histórias iniciais eram cantadas por coros, que também dançavam em louvor e honra aos deuses. Nesse espaço lúdico eram representados os fatos do cotidiano na perspectiva da vontade dos deuses, que ganharam características humanas — físicas e psicológicas. Esta é a origem da mitologia: quando poderes superiores são atribuídos a seres concebidos no âmbito da ficção.

> **Empatia**
> Esforço cognitivo que a plateia faz para compreender os personagens do palco, a capacidade de um identificar-se com o outro, de sentir o mesmo que ele nas mais diversas situações.

Assim, cria-se a figura do herói, aquele que, em nome do espectador, vive uma aventura magistral num plano especial, lúdico. O herói agrega características comuns às dos espectadores, como traços humanos, que são intensificados e postos à prova em situações surpreendentes e desafiadoras. Essa conexão entre personagem e público é o que se chama **empatia**.

A aventura é vivida por um personagem que apresenta uma miríade de sentimentos — dilemas, angústias, ódios, amores, gestos de bravura e de altruísmo ou atitudes obscuras, de traição, injúria e covardia — compartilhada, no espaço lúdico da cena, com cada pessoa da plateia.

No palco, dentro desse espaço delimitado pela linha do imaginário, não se trata mais de um ator iluminado pelos refletores, mas de um personagem real que irradia luz própria.

Teatro é, antes de mais nada, emoção, um arroubo incontrolável que provoca lágrimas, risos, pensamentos, devaneios — sentimentos complexos, muitas vezes contraditórios — num faz de conta, numa

brincadeira que permite a vivência de situações emocionalmente reais. O espectador tem consciência de que se trata de uma farsa, porém, uma farsa que pode tanto revelar quanto ocultar a verdade, transportando-o para uma dimensão até então desconhecida.

Num ambiente qualquer, seja ele aberto ou fechado, restrito ou de livre acesso, na rua, no picadeiro ou num palco, onde houver um ator representando os fatos da vida e pessoas a assisti-lo, ali estará a tradição teatral e o pleno exercício das artes cênicas.

Desde cedo, elas foram se organizando num espaço que abriga três elementos primordiais — a plateia, onde ficam os espectadores confortavelmente acomodados; os bastidores, ou áreas de serviço, onde se escondem trucagem, técnica, cenários, figurinos, adereços; e o palco, onde tudo é revelado de forma que pareça tão fiel e verossímil quanto possível no contexto ficcional.

Teatro é, portanto, uma atividade complexa que une diversas especialidades, segmentos artísticos e recursos técnicos.

Em geral, as encenações são apresentadas em três diferentes formatos de palco:
· O de arena, um círculo situado no centro da plateia. No seu entorno são dispostas arquibancadas, onde se senta o público;
· O de semiarena, em que o palco é uma plataforma que avança em direção à plateia, aproximando mais o espectador do ator;
· O **italiano**, que possui uma parede de fundo, ou rotunda, e as laterais, chamadas de coxias, pernas ou paredes. Uma cortina frontal abre e fecha para mudança de cenário, passagem de tempo e finalização do espetáculo. Nesse modelo, os espectadores assistem à encenação por um único ponto de vista, de frente, ao contrário do modelo de arena, que dispõe o público ao redor do palco.

Nos 21 teatros do SESI-SP, assim como na maioria dos teatros construídos a partir do século XV, o palco é do tipo **italiano**. Os teatros do SESI-SP oferecem programação de qualidade e um processo contínuo de atualização em suas instalações técnicas e arquitetônicas, atraindo um público cada vez maior.

Brincadeira
Play no idioma inglês, tem várias acepções: jogo, partida, disputa, divertimento, folguedo, passatempo. O termo também significa peça teatral ou cinematográfica e denomina as manifestações cênicas populares no Norte e Nordeste, sendo os participantes, por extensão, chamados de *brincantes*.

Segundo um dos fundadores da filosofia ocidental, o grego **Aristóteles** (384-322 a.C.), desde a infância, os homens ao mesmo tempo têm uma propensão para a representação e uma tendência de sentir prazer em assistir às representações teatrais. Isso se daria porque o teatro, mesmo na sua forma estética mais complexa, nunca deixa de ser um jogo. No início, trazia deuses como protagonistas e eles nada mais eram do que os heróis que hoje conhecemos — homens comuns travestidos de poderes transcendentais. O fascínio permanece através dos tempos e é dele que vamos tratar neste *Caderno de Artes Cênicas*.

Então, que se abram as cortinas e se acendam as luzes!
Primeiro ato, cena um...

Aristóteles

Estrutura da linguagem cênica

Nas artes cênicas, o espectador é participante, testemunha de uma ação que está acontecendo na sua frente, pois tem uma vivência real, com a visão, a audição e até mesmo o olfato, concorrendo para uma experiência essencialmente sensorial e emocional.

O espetáculo de teatro é um projeto escrito que objetiva dar a uma peça literária — uma pequena história, uma fábula ou um romance — a sua expressão teatral. O dramaturgo, por meio de um roteiro escrito, ou script, atua como um maestro que rege os instrumentistas de uma orquestra, preenchendo as lacunas, arranjando os elementos, organizando as ações de modo a criar o contexto em que a história será contada. No palco, os personagens viverão essa história vestidos de acordo com a narrativa e num cenário em parte realista, em parte imaginário, sugerido por meio de gestos, projeção de imagens, painéis, objetos, sons especiais e música. Esses componentes dão representatividade ao ambiente em que a história transcorre, com um arranjo de iluminação complementando a atmosfera lúdica de luz e sombra.

Ao dramaturgo não basta o domínio e a competência literários na redação de uma peça. Dele é exigido acima de tudo o conhecimento e a sensibilidade sobre todos os outros elementos da **estética** que compõem a arte da representação.

De maneira geral, circo, dança, ópera e teatro têm processos de concepção parecidos, que seguem uma ordem preestabelecida. Inicialmente, veremos mais de perto a linguagem teatral.

> **Estética**
> O professor universitário e crítico Peter Szondi (1929-1971) alterou os caminhos dos estudos teatrais e da estrutura estética ao desenvolver a Teoria do Drama Moderno. Para ele, a personalidade individual do ser humano é o que caracteriza a força da ação dramática, expressa por meio dos diálogos.

📖 Roteiro
Em média, uma página de roteiro, ou script, equivale a um minuto de ação, mas essa medida varia conforme os atores constroem a história, seu gênero e ritmo.

📖 Rubricas
Chamadas de indicações de cena ou indicações de regência, descrevem o que e como as coisas acontecem em cena, indicam se ela é interior ou exterior, diurna ou noturna, em que local transcorre e até quais as inflexões vocais para distintos diálogos.

O drama e o dramaturgo

As peças de teatro dividem-se em **atos** — embora possam ser de um único ato — e **cenas**. Os atos representam o conjunto ou uma série de cenas interligadas por uma subdivisão temática. As cenas, por sua vez, dividem-se conforme as alterações no número de **personagens em ação** 🎭.

Esse conjunto de intenções subjetivas e objetivas deve estar expresso de maneira clara e consistente na peça literária, chamada **roteiro** 📖. Nele estão as falas dos atores, as indicações quanto aos sentimentos a serem expressos e todas as indicações de movimento de cenário, cuja função é definir o espaço cênico.

A espinha dorsal de uma peça são os diálogos, mas o roteiro inclui outro elemento importante, as **rubricas** 📖. Indicações indispensáveis para a realização do drama, elas orientam os atores e a equipe técnica sobre a representação em cada cena.

Além de escrever a peça, o **dramaturgo** ♣ auxilia a direção na tradução ou adaptação do espetáculo, estudando e orientando questões relativas ao comportamento e à linguagem dos personagens e sua movimentação cênica, às ações e aos costumes da época retratada, podendo assumir a direção de atores. Quando a montagem reúne diferentes peças de um mesmo autor, por exemplo, o espetáculo exige também o trabalho de um **dramaturgista**, responsável pela organização e colagem das obras, que escreve cenas de ligação entre os diferentes textos.

🎭 Personagem da peça *Hamlet*

♣ Em 2011, o jovem **dramaturgo** Gustavo Colombini, expoente do Núcleo de Dramaturgia SESI-British Council, foi indicado ao Prêmio Shell de Teatro, um dos mais importantes na área, na categoria Autor de Texto Original pelo espetáculo *O Silêncio depois da Chuva*.

Outros fatores são considerados pelo dramaturgo ao elaborar um **texto** 🍀. Um deles é a reação da plateia, ou o conjunto das reações individuais dos espectadores diante, por exemplo, da abordagem de um tema controverso. A dispersão de foco é outro fantasma que aflige o dramaturgo, por isso, ele evita inserir na peça qualquer elemento que desvie a representação da lógica interna da narrativa e prepara a sucessão de quadros e cenas de maneira orgânica e natural.

O processo de escrita de um espetáculo é um drama à parte, lento e delicado. O dramaturgo deve utilizar todos os recursos disponíveis, mas na medida certa — deve enfatizar a história e dar força à **narrativa**, usando palavras apropriadas, que tenham sonoridade, contundência, em falas, narrações, locuções e diálogos. Um texto claro, significativo, impõe-se em meio aos demais elementos cênicos, prendendo o espectador ao que realmente interessa: o drama.

📗 **Palco elisabetano**
Chamado de palco isabelino, é aquele que tem o proscênio prolongado, com um segundo plano, muitas vezes coberto, onde existem algumas aberturas, como janelas. É um espaço fechado em que o público o circunda por três lados. A estrutura do teatro elisabetano, em geral, é circular, hexagonal ou octogonal e caracteriza-se por um edifício em um grande pátio e o palco localizado ao fundo.

A evolução da arte de encenar histórias — as etapas da dramaturgia

Em termos históricos, a dramaturgia é dividida em três etapas. A primeira e mais longa de todas é chamada de **Dramaturgia da Retórica** e compreende o período que vai da Antiguidade até o Renascimento, da Grécia Antiga até William Shakespeare (1564-1616). Nessa fase, a expressão teatral apoiava-se na força da retórica e da poesia. As peças eram apresentadas sobre plataformas ao ar livre, com discursos longos, empolados, palavras rebuscadas cujo objetivo era o de impressionar pela eloquência. Os atores vestiam roupas suntuosas e desfilavam em fila no palco.

A Dramaturgia da Retórica era o resultado das condições físicas do **palco elisabetano** 📗. Não havia cenários pintados ou montados, e o contexto em que a história acontecia era sugerido no drama por meio de monólogos e passagens poéticas.

🍀 *Farsa Quixotesca*, encenado pelo grupo Pia Fraus no SESI-SP, levou o Prêmio Panamco 2000 na categoria Melhor **Texto** ao recriar um grande painel sobre a obra de Cervantes.

A segunda etapa, mais breve que a anterior, é chamada de **Dramaturgia da Conversação**, tendo em vista o fato de os dramaturgos voltarem-se para a excelência dos diálogos. A ideia de construir cenários é atribuída ao inglês William Davenant (1606-1668), gerente do teatro do Duque de York. A partir de 1660, ele passou a representar o ambiente de suas comédias e tragédias usando cenários montados no palco, exigindo que as casas de espetáculo passassem a ser fechadas e cobertas, e o palco iluminado por candelabros e lustres. A cortina entra em cena por causa da necessidade de ocultar a mudança do cenário entre um ato e outro. Essas melhorias permitiram uma aproximação maior ao realismo da representação.

Finalmente, a terceira etapa é chamada de **Dramaturgia da Ilusão de Realidade**, iniciada no século XIX, quando os avanços tecnológicos, tais como a luz elétrica, foram incorporados ao drama, trazendo ao palco toda a ilusão de realidade possível com as novas tecnologias. O palco começou a ser usado para representar fielmente os fatos da vida. Foi descoberto o valor de pontuação, do baixar as cortinas, que antes eram usadas meramente para ocultar tarefas de preparação do cenário.

Personagem da peça *Buster, o Enigma do Minotauro*

Um dos prêmios APCA de Melhor **Direção** para os espetáculos do SESI-SP foi entregue em 1998 ao encenador Oswaldo Gabrielli (1958), um artista multimídia profundamente identificado com o teatro de formas animadas, pela montagem de *Buster, o Enigma do Minotauro*, uma realização coroada de prêmios e que aborda histórias mitológicas.

Em cena, a vida de cada um

O significado que se depreende daquilo que é encenado está diretamente relacionado com a experiência pessoal de cada espectador. Muitas vezes essa sintonia entre o pensamento do público e o do autor não se dá naturalmente. É preciso um esforço a mais para que ambos cheguem ao pleno entendimento.

Isso ocorre em qualquer segmento da arte. Nas artes cênicas, a mediação e coordenação do encenador determinam a montagem, a pesquisa e a linguagem cênica do espetáculo, o estímulo aos diferentes técnicos e artistas, a opção estética a ser adotada, a **direção** ♣ para uma conversa fluida entre os diversos discursos criadores. Conhecido como diretor teatral, o **encenador** hoje em dia trabalha com a ideia de uma obra de arte aberta, autônoma, privilegiando o foco criativo na linguagem escolhida para cada cena.

Novidades técnicas demasiadamente complexas podem se converter numa armadilha, seja na movimentação do palco, na iluminação ou no cenário. De outro lado, a pobreza dos recursos cênicos também é indesejável, e comentários paralelos, por mais que sejam discretos, perturbam o andamento da encenação. O encenador, surgido na segunda metade do século XIX, assina esteticamente a obra, como é o caso do premiadíssimo Aderbal Freire Filho (1941), cuja atuação contemporânea é marcadamente questionadora em relação ao processo de criação teatral.

Da mesma forma, Zbigniew Ziembinski (1908-1978) e Gianni Ratto (1916-2005), dois europeus pertencentes à primeira geração de encenadores no Brasil, acumularam funções, o primeiro na atuação e o segundo na cenografia, e contribuíram ideologicamente para a construção e evolução do teatro brasileiro, valorizando o espetáculo como obra autoral realizada a partir do texto e estimulando os artistas a se prepararem técnica e criativamente.

Entre os europeus, merece ser lembrada por seu brilho e força a grande dama do teatro nacional: a brasileira, nascida na França, Henriette Morineau (1908-1990), mais conhecida por Madame Morineau, destaque de uma época em que as atrizes escolhiam o texto, produziam, dirigiam e estrelavam os espetáculos realizados por suas companhias de teatro.

Contando a história

Conflito é a base da ação dramática. No contexto das artes cênicas, significa o embate das vontades humanas. Essas vontades são representadas por personagens que entram em choque com outros personagens. O dramaturgo deve concebê-los de forma completa e conhecê-los em profundidade, explorando as facetas de cada um conforme os objetivos da história. Atitude, motivação e objetividade são características comuns em personagens atraentes e interessantes. Sua força está no fato de serem vulneráveis em determinadas condições ou circunstâncias, o que resulta em lições de vida que se expressam em dilemas e incertezas, em situações inesperadas, cruciais, normalmente o grande momento de uma peça.

O dramaturgo deve a todo custo preservar a ideia central da história. Todas as ações, todos os personagens e os demais elementos cênicos estão ligados a essa ideia central. Isso se chama **unidade**.

Apesar de serem escritas e encenadas inúmeras peças diferentes a cada ano, estudiosos afirmam que, na verdade, não existem mais do que 20 temas a serem explorados, todos, sem exceção, desenvolvidos em séculos de atividade teatral. Sendo assim, o dramaturgo trabalha com as velhas e tradicionais emoções humanas, tendo a responsabilidade de criar o novo. Originalidade, portanto, é um desafio e tanto para quem deseja contar uma história, criar um estilo, apresentar uma abordagem inédita, sobretudo porque os enredos devem ser compatíveis com as possibilidades técnicas e principalmente com a capacidade do público de absorver o novo.

Estratégias de escrita

Diante disso, o dramaturgo recorre a algumas estratégias que podem fazer a sua obra o mais original e interessante possível. Retratar o mundo de verdade num espaço cênico é um grande desafio. No **realismo**, o estilo de escrita teatral procura ser fiel ao natural, guardando relação próxima entre a encenação e a vida real e levando em conta os costumes e as situações do cotidiano.

Outro objetivo importante do dramaturgo é capturar de imediato a atenção da plateia ao utilizar determinados detalhes que são importantes no enredo. A repetição é um artifício disponível para enfatizar algum aspecto da narrativa, e a sua inserção no roteiro deve ser feita de modo adequado, evitando exageros e incongruências para não enfraquecer a história.

O andamento da narrativa é outro fator importante. A **antítese** é um recurso largamente utilizado na dramaturgia. Consiste em alternar cenas com leve humor e cenas em que são tratados assuntos sérios, ou uma cena agitada e uma tranquila, buscando sempre o equilíbrio e a melhor forma para a encenação.

Os momentos em que a tensão sobe devem ser posicionados estrategicamente. O **clímax** é o ápice de uma série de complicações em que os personagens estão envolvidos. Eles, e principalmente a plateia, desconhecem a solução do impasse para onde a ação convergiu. Assim, o clímax depende de certa corrida dos personagens para seus objetivos, por isso, é preciso que o dramaturgo saiba dar ritmo a esse processo. Lentidão ou aceleração dificultam a compreensão dos acontecimentos.

Saber tudo dá ao espectador uma sensação agradável de sossego, segurança, é por isso que o **suspense** — justamente o oposto, o não saber o que acontece — incomoda e ao mesmo tempo prende a atenção da plateia. O suspense talvez seja o jogo mais sutil que o dramaturgo pode praticar numa peça. A cada ato a ação é direcionada para um final que normalmente os personagens desconhecem, mas é percebido pela plateia. Essa situação gera uma expectativa que coloca a história no foco de atenção do espectador.

Finalmente, o **final feliz**, mais recorrente no chamado *grande teatro*, as produções concebidas para agradar às multidões. Trata-se de um recurso delicado e exige extrema habilidade do dramaturgo, isso porque o encerramento precisa estar à altura do bom andamento do restante da história. O fechamento de ouro deve ser com um desfecho lógico ao drama desenvolvido nas cenas antecedentes, evitando a solução de conflitos de forma maniqueísta, simplória, ao deixar em segundo plano as complicações que as precederam e deliciaram o público. A armadilha aqui é cair nas soluções fáceis, incompreensíveis ou incompatíveis com as tensões anteriores. O espectador tem direito à plena satisfação, a ser recompensado por um final inteligente, à altura das suas expectativas.

Final feliz

Unidade de expressão

Tudo é texto

A primeira função complexa realizada pelo ser humano é a comunicação. Quando um bebê chora, grita, faz careta e agita braços e pernas está demonstrando todo o seu desconforto. Até que sua fome esteja saciada, ele continuará a se expressar, aumentando a intensidade da voz e dos gestos.

Essa habilidade expressiva se especializa com o passar do tempo. Desde a infância, passando pela juventude, fase adulta, até chegar à maturidade, o ser humano busca saciar diferentes fomes — de saber, de vencer, de amar, de viver o mais plenamente possível — num continuado aperfeiçoamento das técnicas de **persuasão**. A pessoa molda sua personalidade de maneira a agregar instrumentos que, em última instância, servirão para executar a complexa função de comunicar.

O encontro de **palavra** e **gesto** cria uma tremenda força persuasiva. Sendo a palavra manifestação verbal escrita e unidade estrutural da língua — substantivo, verbo, adjetivo, advérbio, numeral —, seu conjunto forma uma oração, que expressa um conceito, uma opinião, em suma, conteúdo. Gesto é a representação do movimento do corpo, especialmente de mãos, braços e cabeça, voluntário ou involuntário, é carregado de significado, revela intenções, estados psicológicos ou a vontade de realizar algo.

Persuasão
Ação de convencer utilizando lógica, pensamento racional e elementos simbólicos e emocionais. Para isso, são construídos argumentos — verdadeiros ou não, mas sempre convincentes — de modo a atingir algum propósito. Não é só nas artes cênicas que se busca persuadir; em todos os aspectos da vida, seja no campo pessoal, profissional ou espiritual, o ser humano põe à prova a sua capacidade de convencer e de ser convencido.

Do encontro de palavra e gesto nasce a arte da representação

Mesmo que o circo, a dança, a ópera e o teatro adotem o texto literário — palhaçaria, comédia, drama, tragédia, musical, formas animadas e outros gêneros —, nem sempre ele é o ponto de partida. A encenação pressupõe a transformação da palavra, do movimento, do som, da gestualidade e da contextualização, fazendo também surgir o texto dramatúrgico e, por sua vez, o espetáculo cênico.

Os palhaços, bailarinos, intérpretes, atores e a cena criam uma linguagem específica e uma arte distinta da criação literária, pois esta atua no âmbito das ideias e da mente do leitor.

O ser humano é um manancial inexplorado de sentimentos, idiossincrasias, potencialidades, reúne um sem-número de qualidades e defeitos. Quando uma janela se abre para esse infinito interior, surge um horizonte de possibilidades. O espectador depara-se com o surpreendente, insondável e impensável universo interior. A missão do ator é abrir essa janela, provocar a vertigem que faz refletir e entender melhor a vida. Representar é uma forma de comunicação por meio de gestos, palavras e emoções.

📖 Encenação
Ao desmembrar o termo, encontramos o prefixo *en*, que significa movimento para o interior, para dentro; *scena*, cujo significado é pátio, episódio, espetáculo; e o sufixo *ção*, de ação, ou o resultado de uma ação.

Os palhaços, bailarinos, cantores e atores estão na base desse processo, seu corpo é veículo da arte, voz e gestos expressam sentimentos, ideias, constroem significados que são apresentados a uma determinada assistência. Os intérpretes existem para serem vistos pelo outro, porque ninguém, em sã consciência, faz uma **encenação** 📖 para si mesmo.

Encenar diz respeito a pôr em cena; é a manifestação cênica de um discurso, usando elementos visuais e sonoros, a partir de uma ideia central. Em volta desse discurso persuasivo, é organizado um conjunto de elementos de diferentes linguagens.

A encenação é uma manifestação artística complexa, em que o verbal e o não verbal coexistem de maneira interdependente, sendo impossível dissociá-los numa representação.

A palavra impressa é silenciosa, mas ganha intensidade, repercussão, vida, adquire sonoridade, contundência e tensão dramática quando empregada no palco. O espectador a ouve e a vê inserida num contexto reforçado pela gestualidade e pelos demais elementos cênicos, como cenário, figurino, iluminação e trilha sonora.

Enquanto o verbal é manifestado e assimilado pelo público por meio da oralidade dos **intérpretes**, o não verbal é percebido no cenário, figurino, na sonoplastia, iluminação, nos acessórios e mesmo na **expressão corporal** dos profissionais.

Em termos práticos, isso aproxima a encenação do teatro psicológico, estética criada por **Stanislavski**. Esse gênero é dominante nas escolas de teatro até os dias atuais, tornando-se tão influente que qualquer nova teoria teatral parte de sua negação ou afirmação.

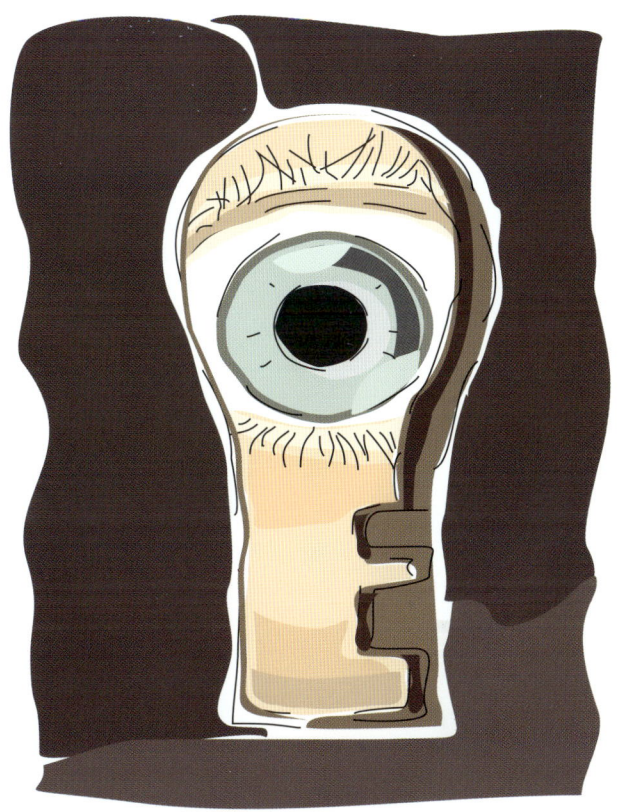

Buraco da fechadura

Nessa estética, o texto escrito tem certa autonomia sobre os outros elementos da encenação. Em cena, os atores precisam esquecer completamente seus próprios conceitos e acreditar naqueles que seus personagens preconizam, precisam abdicar do seu eu para assumir o do personagem. A representação ocorre de uma forma que o espectador acredita tratar-se de realidade.

No entanto, o ator profissional nunca esquece que está diante da **quarta parede**, aquela que permite a conexão do público com personagens da ficção sem que precise fazer parte daquela falsa realidade — a encenação. A plateia permanece estática, dominada pela empatia, como quem observa a realidade olhando pelo **buraco da fechadura**.

Tal fechadura tem revelado o universo interior do ser humano, contribuindo para um contínuo processo evolutivo. Esse modo sutil de persuasão acompanha o homem desde tempos remotos, como será visto a seguir.

Stanislavski
Constantin Siergueieivitch Alexeiev (1863-1938), ator, diretor, pedagogo e escritor russo de grande destaque entre os séculos XIX e XX. **Saiba mais em Expoentes.**

Quarta parede
Limite imaginário situado entre a frente do palco e a plateia. A cena é separada da sala de teatro por uma parede inexistente e através dela a plateia assiste à encenação. O termo tem origem na chegada do teatro realista, no século XX.

Commedia dell'Arte

📖 **Ditirambo**
Canto coral de teor apaixonado, por vezes animado ou melancólico, possui uma parte narrativa, recitada pelo corifeu, ou cantor principal, e outra cantada em coro. Os personagens são vestidos de faunos e sátiros, os companheiros do deus Dionísio, e em sua honra prestam homenagem.

Evolução, períodos, movimentos e escolas

Que a arte esteja convosco...

Na sua origem, as artes cênicas tinham caráter ritualístico. Com o passar do tempo, o homem evoluiu e passou a conhecer melhor os fenômenos naturais. O teatro, então, adquiriu características mais educacionais, tornou-se o lugar de representação de lendas relacionadas a deuses e heróis.

Na Grécia Antiga, a representação de tragédias e comédias fazia parte dos festivais em honra a Dionísio, ou Baco. As canções dionisíacas, ou **ditirambos** 📖, são as primeiras **formas dramáticas** de que se tem notícia.

O ator cantava ou declamava seu texto sem contracenar com ninguém. Ésquilo (525/524-456/455 a.C.) e Sófocles (497/496-406/405 a.C.) introduziram os segundo e terceiro atores em suas tragédias. Coube a um conservador, Aristófanes (447-385 a.C.), a criação da primeira **sátira** — a chamada comédia aristofânica mesclava **paródia** mitológica com sátira política.

As mulheres ainda estavam fora dos palcos. Todos os papéis eram representados por homens, e os escritores dos textos dramáticos cuidavam de praticamente todos os estágios das produções.

Roma também tinha um teatro exuberante. Tito Mácio Plauto (230-180 a.C.), e Publio Terêncio Afro (195/185-159 a.C.) são seus grandes expoentes. As encenações ocorriam sob tendas estendidas em diferentes locais da cidade e atraíam dezenas de milhares em praça pública. Até 55 a.C. não havia em Roma um teatro permanente. A **pantomima** é seu grande legado.

Contudo, a mesma religiosidade que fez nascer as artes cênicas, em especial o teatro, também o considerou pagão e o baniu. Com o surgimento do cristianismo, os patrocinadores afastaram-se e as representações foram extintas por um longo tempo.

No papel de atores, padres e monges

Entretanto, coube à igreja da era medieval trazer o teatro de volta à cena. Não havia melhor instrumento de conversão do que a representação dramática da história da ressurreição de Cristo. Novamente, o teatro era usado como ferramenta do sagrado, mas dessa vez em sentido contrário: em vez de evocar os deuses, a mensagem dirigia-se aos homens, ou infiéis. O teatro medieval religioso perdurou até o século XVI.

Um século antes, trupes teatrais embrenhavam-se nos domínios de senhores nobres e de reis e constituíram o chamado teatro elisabetano. Os atores eram empregados da nobreza e da realeza. William Shakespeare, assim como o ator original de *Otelo* e *Hamlet*, Sir Richard Burbage (1567-1619), eram pagos pelo Lorde Chamberlain e mais tarde pelo próprio rei, Carlos I de Inglaterra.

Na Itália, o teatro renascentista recriou as estruturas cênicas, dando forma ao chamado teatro humanista. O século XVI configura-se num intenso processo de profissionalização dos atores, surge a *Commedia dell'Arte*, em que alguns tipos representados provinham da tradição do antigo teatro romano: as figuras do avarento e do fanfarrão eram recorrentes.

Pantomima
Na Roma Antiga, um ator representava todos os papéis utilizando uma máscara para cada personagem e com acompanhamento de músicos e coro.

Commedia dell'Arte
Surge como um modo inovador, com bases teatrais fora da literatura, tipos representados por máscaras com ampla recepção nas camadas mais populares da sociedade. Figuras como o bufo, esfomeado e trapaceiro, e o arlequim, com os traços do diabo medieval, eram recorrentes.

A intensa movimentação das pequenas companhias e trupes teatrais pela Europa levou sua influência a outras nações. Pela primeira vez, as mulheres participam das encenações.

No século XVII, o teatro experimentou grandes evoluções cênicas, muitas delas utilizadas nos dias atuais. Engenhos e máquinas foram integrados ao fazer teatral, na infraestrutura interna do palco, tornando os cenários móveis e mais realistas e oferecendo novas possibilidades para a criação cênica. E as mulheres passam definitivamente a fazer parte das encenações na Inglaterra e na França.

A cena nos trópicos

No Brasil, o teatro estreia na catequização dos índios. As peças eram escritas com intenções didáticas, procurando sempre encontrar meios de traduzir a crença cristã para a cultura indígena. A ordem Companhia de Jesus foi a encarregada de expandir a crença pelos países colonizados; os autores nesse período foram o Padre José de Anchieta (1534-1597) e o Padre Antônio Vieira (1608-1697).

As encenações tinham grande carga dramática e usavam efeitos cênicos para que as lições de religiosidade fossem aprendidas com maior eficiência pelas mentes nativas. Nesse período, o teatro no Brasil era influenciado pelo Barroco europeu.

A vida no palco

No decorrer do século XVIII, as mudanças na estrutura dramática das peças refletiram os principais acontecimentos econômicos, sociais e políticos, como a Revolução Industrial e a Revolução Francesa. Nesse contexto, surge o melodrama, atendendo de imediato o gosto do grande público.

No século XIX, as inovações cênicas e de estrutura dos espetáculos teatrais tiveram continuidade. O teatro Booth, de Nova York, por exemplo, já utilizava o elevador hidráulico. A iluminação também passou por muitas mudanças e experimentações, com a substituição dos **lampiões a óleo de baleia** e querosene pela luz a gás. O primeiro teatro a utilizar iluminação elétrica foi o Savoy Theatre de Londres, em 1881.

A busca por uma experiência realista no palco norteou os avanços tecnológicos. Cenário, figurino, som, iluminação, procuravam reproduzir situações históricas. As montagens ganharam complexidade, fazendo surgir a figura do diretor, que lida com todos os elementos artísticos de uma produção.

Naturalmente, no final do século XIX, uma série de autores passou a assumir uma postura de criação bastante diversa da de seus predecessores românticos, visando à arte como veículo de denúncia da realidade. Os maiores fiadores dessa nova tendência foram os escritores Henrik Johan Ibsen (1828-1906) e **Émile Zola** (1840-1902).

No século XX, as características que melhor definem as artes cênicas e particularmente o teatro são: ecletismo, quebra de tradições e utilização das novas tecnologias como insumo relevante na concepção cênica. Não há mais vinculação com um determinado padrão em voga. No entanto, pode-se afirmar que as ideias de Bertolt Brecht (1898-1956) foram as que mais tiveram eco no meio teatral. Para ele, o ator deve manter-se consciente do fato de que está atuando e jamais deve emprestar sua personalidade ao personagem interpretado.

O espetáculo em si, e a mensagem social nele contida, deve ser o objeto de supremo interesse. Nesse contexto, a emoção do espectador não obscurece seu senso crítico, desde que fique claro que se trata de uma obra artística, uma legítima manifestação das artes cênicas, e não um fragmento da realidade.

Assim, Brecht utilizava-se de efeitos não realísticos, mudanças de palco, de modo que tanto as tradições realistas como as não realistas convivessem simultaneamente.

Lampiões a óleo de baleia

"Adeus, testemunhas certas das populares canções, entoadas por chibantes menestréis, de violões. Adeus, para sempre adeus, malfadados lampiões." O poeta Antônio Augusto de Mendonça (1830-1880) fala do fim da era dos lampiões a óleo de baleia na iluminação pública de Salvador, por volta de 1858, e do início da curta fase dos lampiões a gás, substituídos no final daquele século pela iluminação elétrica.

Émile Zola

Elementos da linguagem

Os desafios da produção

Capitalismo
Nasce com a ascensão da burguesia e o fenômeno da urbanização ocorrido na virada da Idade Média para a Idade Moderna. Nos séculos XIII e XIV, as cidades e a concentração humana geraram uma série de pequenos negócios de cunho comercial e de serviços, dando origem à burguesia, uma nova classe social. O lucro obtido por meio da compra e venda de excedentes agrícolas e manufaturados dá origem ao que hoje conhecemos por mercado consumidor.

Componente de todo produto ou serviço oferecido ao mercado consumidor, o termo **produção** tem aqui um significado mais amplo do que o processo de realização de um espetáculo de artes cênicas, seja circo, dança, ópera, teatro ou qualquer outra manifestação artística. Produção, no contexto das artes cênicas, aplica-se à forma de excelência com que se organizam e se articulam trabalhos específicos e de alta complexidade.

O resultado dessa organização excelente, dessa gestão eficiente de recursos — físicos, financeiros, humanos, técnicos e artísticos —, é expresso na qualidade do espetáculo. Portanto, é mistificação considerar o trabalho artístico como algo diferente ou superior aos demais trabalhos. A exemplo de qualquer outro, ele sofre limitações quanto à liberdade e criatividade de ação sob as leis do **capitalismo** e do mercado. Desde o princípio, para ser realizada, a atividade cênica teve de ser patrocinada, seja pelo Estado, pela Igreja, por empresas privadas ou diretamente pelo público, por intermédio da renda gerada na bilheteria. Como as outras atividades profissionais, o espetáculo cênico teve de se viabilizar economicamente, sendo ele também um produto ou serviço oferecido ao consumidor.

A produção, no âmbito das artes cênicas, propõe-se a alcançar objetivos tangíveis, como a gestão dos recursos financeiros, humanos e materiais, de modo a dar continuidade à operação. Porém, e talvez seja isto que diferencie o trabalho artístico dos outros trabalhos, existem os objetivos intangíveis a serem alcançados, os que estão ligados à qualidade do espetáculo, à mensagem contida no texto, à interpretação excepcional de todo um **elenco** e **corpo técnico** e, acima de tudo, à plena satisfação do público espectador — razão do esforço de uma grande equipe de profissionais, cada um na sua especialidade, seguindo livremente, ou o mais fielmente possível, a sua inspiração.

Ainda assim, apesar da sua complexidade e dos elevados custos, as artes cênicas de modo geral existem para dar voz a todos, inclusive àqueles com menos recursos, principalmente financeiros.

Ideias coletivas, horizontalidade

No Brasil, a partir da *década dos encenadores*, a de 1980, nasceu um modo alternativo de produção teatral chamado de **processo colaborativo**, cujas raízes estão na **criação coletiva**.

Os grupos teatrais preconizavam a criação de novas formas de atuação em peças realizadas até mesmo fora das salas de espetáculos: em hospitais, igrejas, ônibus e prédios públicos, como estações de metrô e repartições.

Surge a figura do **ator-criador**, que estabelece uma horizontalidade nas relações criativas, desfazendo hierarquias preestabelecidas, seja de texto, direção ou qualquer outra. Nesse **modo de produção**, todos colocam sua experiência e conhecimento a serviço da construção do espetáculo. Até mesmo o texto é concebido na medida em que os ensaios são realizados.

Criação coletiva
Associação de todos os elementos da encenação, incluindo o roteiro cênico e/ou o texto dramatúrgico, em um mesmo processo de autoria baseado na experimentação durante os ensaios. Sua origem está em conjuntos teatrais dos anos 1960 e 1970.

Os Núcleos de Artes Cênicas do SESI-SP adotam, entre outros, o **modo de produção** colaborativo, que prioriza a pesquisa e o estudo da forma nas artes cênicas e a transversalidade com as demais linguagens, atendendo necessidades pedagógicas e artísticas de alunos especialmente selecionados e que possuem vivência teatral. O aprendizado promovido pelo fazer teatral é fundamentado no treino do corpo e da espontaneidade, no trabalho em equipe, no relacionamento com o público, na liberdade criativa, na autodisciplina e na autoconsciência.

O que hoje em dia é chamado de processo colaborativo aprofundou-se nos anos 1990 com o Teatro da Vertigem de São Paulo e o trabalho de linguagem que desenvolveu. Ele soube explorar recursos de intensa teatralidade ao optar pelo extremo rigor na preparação corporal e vocal dos atores e ao propor uma imersão do grupo e da plateia na ocupação de espaços não convencionais escolhidos para as encenações e que normalmente exigiam novos procedimentos na concepção. Outros grupos amadores e profissionais seguiram esse modelo, como o Grupo Galpão (MG), a escola Livre de Teatro de Santo André (SP) e Galpão Cine Horto (MG).

A escrita da cena

> **Cenografia**
> "Não é apenas um signo que denota e conota um ambiente e/ou uma época, ou que informa um espaço, configurando-o: a boa cenografia é a que participa também da ação narrativa, que não é apenas algo externo à ação, decorativamente, mas que se identifica até com o estado psicológico dos personagens ou o ambiente da cena. Como o nome está dizendo, a cenografia é uma escritura da cena, é uma escrita não verbal, icônica, que deve imbricar-se nos demais elementos dramáticos, trágicos ou cômicos."
> (PIGNATARI, 1984, p. 72).

Toda encenação conta uma história e vários elementos se combinam nesse objetivo. Além do texto e de sua interpretação, os aspectos visuais também são importantes. A cenografia, como está na raiz do termo — grafia da cena —, atua diretamente no sentido da visão. O olho humano capta a imagem e a envia para o cérebro, que a reconhece e interpreta. Esse conjunto de informações se agrega aos demais elementos visuais, como figurino, luz, adereços, respondendo graficamente aos conceitos propostos pela dramaturgia.

Assim, **cenografia** pode ser definida como a arte e a técnica de projetar, criar e dirigir espetáculos cênicos. Envolve a transformação do material humano com a aplicação de recursos técnicos a favor da história.

Apesar de ter nascido com o teatro, a cenografia surgiu somente a partir do século XVIII. Pinturas em painéis compunham os cenários, que se tornaram cada vez mais realistas com a utilização de objetos de cena. Peças construídas e objetos pintados passaram a conviver no mesmo espaço cênico. Contudo, nesse período inicial, o cenógrafo não era mais do que um decorador, visto que os cenários aludiam a paisagens e interiores.

No século XIX, com os avanços tecnológicos advindos da Revolução Industrial, a cena dramática trouxe a sensação de realismo de forma ainda mais exacerbada com a utilização de aparatos elétricos, hidráulicos, novos materiais e possibilidades de imitar a vida.

Até a metade do século XX, a cenografia italiana — de grande influência no teatro brasileiro — era bidimensional, os cenários eram feitos com painéis de madeira e panos ou papéis pintados com temas arquitetônicos e paisagens. O espetáculo ocorria em atos e, em seus intervalos, trocava-se a cenografia.

O teatro contemporâneo tem agregado cada vez mais as possibilidades que o mundo digital proporciona. Projeção de imagens em vídeos de alta definição e novos materiais, como plástico e tecidos sintéticos, permitem agilidade e facilidade no manuseio. O cenário pode ser modificado sem atrair a atenção da plateia. Os recursos hoje em dia são tantos que o único limite para uma boa cenografia é a imaginação.

Figurino de um milionário

As vestes revelam

Como os demais elementos visuais, o **figurino** compõe determinada comunicação, concorre para o entendimento do contexto. O mendigo usa as roupas sujas e rasgadas; o milionário veste terno impecável, mas se for de épocas passadas, cartola e bengala, talvez um cravo vermelho na lapela. Esses são apenas exemplos de como a vestimenta identifica os diferentes tipos humanos que desfilam no palco. O figurino, portanto, corresponde ao conjunto da indumentária e dos acessórios, criado ou produzido pelo figurinista ou designer e utilizado em cena pelos atores.

Personagem

O termo origina-se do grego *persona*, significa o orifício onde fica a boca nas máscaras de teatro, por onde *personava* a voz dos atores. Essa mesma raiz etimológica dá origem à palavra *pessoa*. Portanto, personagem é uma pessoa construída, ficcional, que vive histórias fantásticas, realistas, excepcionais e corriqueiras, são figuras representativas, evocativas.

Belle Époque

Como seu próprio nome salienta, a época da beleza, foi considerada a era de ouro do glamour, da estética, inovação e paz entre os países europeus. A vida cultural era intensa — os cabarés, o cancan e o cinema faziam a plateia ferver, e a arte tomava novas formas com o Impressionismo e a Art Nouveau.

O figurino deve extrapolar os rótulos e clichês, ser relevante na formação do **personagem**, versátil nas rápidas trocas de roupas e durável para que se mantenha nas condições ideais e resista a uma longa temporada de apresentações. A concepção de um figurino deve, em primeiro lugar, servir às intenções da encenação, possibilitar, por meio da percepção visual, um perfeito entendimento da situação e do contexto.

Toda manifestação cênica — teatro, cinema, televisão, ópera ou dança — tem no figurino um elemento fundamental. Ele é utilizado para a ambientação histórica, para delinear as características dos personagens, como sexo, idade e aparência, ressaltar aspectos psicológicos e peculiaridades, que serão imediatamente identificados pelo espectador.

Esse reconhecimento visual instantâneo se dá por meio da indumentária e pelo modo de vestir, assim como pela utilização de adereços específicos, máscaras e maquiagem. Dessa forma, a imagem, um elemento simbólico, intervém como um gerador de estímulos ao espectador, ampliando associações e percepções, de modo a produzir sentimentos que favoreçam a encenação.

O trabalho do figurinista e do maquiador é transformar a palavra em imagem e deixar o texto mais palpável para o espectador. Muitos artistas não chegariam tão longe em suas carreiras se não tivessem ao seu lado um figurinista igualmente talentoso.

Jacques Doucet (1853-1929), por exemplo, tinha uma clientela de famosas atrizes da **Belle Époque**. Paul Poiret (1879-1944) era fortemente influenciado pelos figurinos desenhados por Léon Bakst para o balé *Shéhérazade*, tendo concebido os figurinos para os espetáculos encenados pela atriz Sarah Bernhardt. Coco Chanel (1883-1971), há muito consagrada criadora de moda, surgiu como figurinista em 1923 graças ao dramaturgo Jean Cocteau, que encomendou o figurino da peça *Antígona*. Até então, Coco Chanel nunca havia confeccionado uma roupa para o teatro.

Os exemplos da importância do figurino na carreira dos grandes artistas não param por aí. Na década de 1950, o estilista francês Hubert de Givenchy (1927) consagrou a atriz Audrey Hepburn como ícone de elegância por meio de diversas criações para filmes como *Sabrina* (1954), *Cinderela em Paris* (1957) e *Bonequinha de Luxo* (1961). Na década de 1960, outro designer atuou no campo do figurino, o estilista espanhol Paco Rabanne (1934). Seus modelos eram confeccionados em materiais inéditos na manufatura de roupas — plástico, malhas de metal, componentes acrílicos. Christian Lacroix (1951), também designer de moda, atuou como figurinista, tendo demonstrado desde seus primeiros anos de vida interesse pelo desenho e paixão pela arte.

Portanto, engana-se quem considera esta ou aquela atividade mais ou menos importante no contexto da produção de um espetáculo cênico. É fato que existe um nível de exigência superior em cada especialidade do projeto artístico, mas é justamente o resultado dessa interação que faz um espetáculo de sucesso.

A escrita do movimento

A **coreografia** é a arte de criar e compor danças. Vários aspectos devem ser considerados nessa concepção: as três dimensões do espaço, o tempo, os limites do corpo humano, a música, o movimento e os efeitos plásticos.

Nos séculos XVII e XVIII, o termo designava um sistema de sinais gráficos que representavam os movimentos dos bailarinos. Contudo, a partir do século XIX, esse significado foi atribuído à expressão **notação coreográfica**. Coreografia e coreógrafo passaram a designar a arte e o profissional da composição de danças. Na música, o compositor escreve a partitura; na coreografia, o autor cria os movimentos, mas a notação é feita por outros profissionais, que grafam tais movimentos em sinais às vezes ininteligíveis até para o próprio criador.

Croqui de Rudolf von Laban

Rudolf von Laban
O dançarino, coreógrafo e teórico denominou de dança-teatro as encenações que buscavam uma expressão corporal inédita, capaz de responder às transformações da vida moderna. No Brasil, nos anos 1970, Célia Gouveia dá início a experimentações cênicas de dança-teatro após estudos com Maurice Béjart.

No século XX, a notação concentrou-se nos movimentos básicos e na dança formal. Novos sistemas de símbolos abstratos foram apresentados, sendo mais conhecidos os de **Rudolf von Laban** (1879-1958), a *labanotação*, pioneira na indicação de duração, fluência e intensidade de movimento, e os do inglês Rudolf Benesh (1916-1975), cujo trabalho merece destaque.

Esses e outros sistemas seguem na sua evolução contínua, com o acréscimo e a colaboração do cinema e do videoteipe e com os métodos de composição variando radicalmente. Alguns coreógrafos usam improvisações de seus dançarinos como recurso principal, outros baseiam suas obras em criações previamente elaboradas.

Durante a segunda metade do século XX, Merce Cunningham (1919-2009) mudou completamente a visão tradicional da coreografia, até então considerada como elemento de apoio, para elevá-la ao mesmo patamar de importância da dança. Com esse intuito, aplicou métodos de composição e organização da dança em espaço não teatral, assim como fizeram seus contemporâneos: o russo radicado nos Estados Unidos Georgi Balanchine (1904-1983) e Sir Frederick Ashton (1904-1988), ícones da dança clássica ou abstrata, ao lado de Martha Graham (1894-1991), Léonide Massine (1896-1979), Jerome Robbins (1918-1998) e outros que também realizaram importantes trabalhos de coreografia.

Depois desses expoentes, todas as regras se tornaram relativas e a liberdade criativa passou a obedecer a uma única regra: a coreografia deve impor uma ordem à dança acima da pura improvisação, ser moldada nas três dimensões do espaço e no tempo e adequada ao potencial do corpo humano.

O coreógrafo, ao criar, joga com massas de corpos ou solistas, grupos maiores ou menores, sempre compondo um efeito plástico e rítmico de expressão e estética. A base de seu trabalho é o ritmo, mas também pode acompanhar a música, seguir no seu curso melódico ou contrapor-se a ela, comentá-la ou até mesmo dela prescindir totalmente e criar seu ritmo próprio.

A coreografia está para o desenho do movimento num espetáculo de dança como a marcação está para o espetáculo dramático. Cada movimento de entrada e saída do palco, cada gesto e posicionamento em cena é previamente combinado e seguido à risca pelos atores. Na dança, os corpos interagem, fazendo do movimento sua força expressiva. No drama, os atores contracenam, trocam estímulos e movimentam-se de modo natural, o que é exaustivamente ensaiado.

A máscara que revela

O ator em cena é parte de um sistema visual cujo propósito é contar uma história. Ele não é dono de seu rosto, de suas feições, é tão somente o suporte para os traços de um personagem ficcional. Como uma máscara, a **maquiagem** ou a **caracterização** atua na transformação dessa identidade, ela não somente esconde imperfeições e realça aspectos fisionômicos, mas, sobretudo, revela os aspectos do personagem por meio da composição de cores e traços.

📖 Metais pesados
Quimicamente reativos e bioacumuláveis, os organismos não são capazes de eliminá-los. Por isso, seu elevado teor de toxidade pode causar graves doenças e até a morte por envenenamento. Para muitos, desde os primórdios, a vaidade e a busca exacerbada do ideal de beleza têm sido fatal.

📖 Psyché
O termo psique é de origem grega e significa tanto alma como borboleta. Psyché era uma jovem belíssima que atraía gente de toda parte para admirá-la. A veneração a ela causou inveja em Vênus, também conhecida como Afrodite, a deusa da beleza e do amor, cujos templos se esvaziaram. Vênus ficou indignada com o fato de uma mortal receber tanta atenção. No panteão romano, pediu a seu filho, Eros, cupido, o deus do Amor, que atingisse a jovem com suas flechas, fazendo-a enamorar-se do homem mais desprezível do mundo. No entanto, ao ver Psyché, o próprio Eros apaixonou-se e, contrariando as ordens da mãe, não lançou suas setas.

📖 Cerusa
Pigmento branco, constituído por carbonato de chumbo ou de cálcio.

Os primeiros indícios do uso de cosméticos remontam o Egito Antigo. As perucas coloridas eram formas de distinção social e eram reservadas somente aos faraós, que consideravam a maquiagem dos olhos fundamental para olhar diretamente para Rá, o deus do Sol.

O tom esverdeado das pálpebras dos nobres era obtido das misturas de **metais pesados** 📖. Foi na civilização egípcia que surgiu a distinção mulher de pele clara e homem de pele escura. Cleópatra representou o ideal de beleza daqueles tempos, inaugurando o zelo feminino pela boa aparência ao banhar-se em leite, cobrir as faces com argila e maquilar os olhos usando pó de *khol*.

Conta a lenda que **Psyché** 📖 foi buscar no inferno o segredo da pele branca da deusa Vênus, trazendo a **cerusa** 📖, ou alvaiade, para compor suas fórmulas mágicas. Até a Renascença italiana, esse mesmo produto era usado durante o dia pelas mulheres da nobreza, que à noite cobriam suas faces com emplastros de vitelo cru molhado no leite, assim, minimizavam os efeitos nocivos causados pelo alvaiade.

Na Índia, entre os séculos I e IV, a mulher ideal era definida como *padmini*, aquela que tem a pele fina, macia e clara como o lótus amarelo. No Japão, do século IX ao XII, período de Heian, a pele branca era valorizada como regra geral. Para obter a aparência extremamente clara, as mulheres aplicavam um pó de farinha de arroz chamado *oshiroi*. Depois, as japonesas passaram a usar o *beni*, uma pasta feita do extrato de açafrão, para colorir as maçãs do rosto.

A luz da história

As cores, em cenários, figurinos, objetos ou na maquiagem, somente são percebidas quando tocadas pela luz. Nos primórdios do teatro, as peças eram encenadas ao ar livre em horários de luz solar.

Iluminação

Dentre os elementos que compõem a linguagem cênica, a **iluminação** é a mais recente. Foi introduzida no século XVII e ganhou espaço de forma definitiva com a descoberta da **eletricidade**.

A principal função da iluminação no âmbito do espetáculo é delimitar o espaço cênico. A luz que ilumina um determinado ponto do palco indica que é ali que a ação vai se desenrolar. A iluminação também tem por função estabelecer relações entre o personagem e os objetos e entre ele e outros personagens. Ela dá contornos ao rosto, ao corpo e ao figurino ou destaca uma parte do cenário. As cores realçadas pelo efeito luminoso também permitem ao espectador fazer suas próprias leituras.

A iluminação não se restringe à função de tornar visíveis os elementos cênicos, mas também conta a história: penumbra num ambiente introspectivo, luzes fortes num ambiente festivo. O iluminador, ao conceber o desenho de luz de um espetáculo, leva em consideração a potência necessária, medida em watts, a intensidade, medida em lux, lúmen ou velas, a cor, medida em kelvins, e o padrão de luz emitido pelas lâmpadas, além, é claro, de considerar a arquitetura do sistema.

Hoje a iluminação é capaz de fazer toda a diferença num espetáculo. Tanto pode ajudar a compor o cenário como enfatizar uma atuação. Ela se tornou tão importante para uma apresentação quanto os atores, dançarinos e intérpretes, constituindo-se numa ferramenta de auxílio que, por instantes, pode virar a estrela de um espetáculo.

Eletricidade

Descoberta no século XVI por um filósofo grego chamado Tales de Mileto ao esfregar um âmbar a um pedaço de pele de carneiro. Ele observou que partes de palhas e fragmentos de madeira começaram a ser atraídas pelo próprio âmbar. Do âmbar, do grego *élektron*, surgiu o nome eletricidade.

Escravo da melhor forma

O **encenador**, ou diretor teatral, ou ainda diretor de teatro, como no Brasil é mais conhecido, é o responsável por supervisionar e dirigir a montagem de uma peça de teatro. Seu trabalho está ligado diretamente à representação, cabe a ele decidir a melhor forma de conjugar os diversos esforços da equipe de trabalho em todos os aspectos da produção. Sua função é assegurar a qualidade e integridade do produto cênico. Em permanente contato com os membros-chave da equipe técnica, coordena o andamento das pesquisas necessárias, a cenografia, o figurino, os adereços, o mapa de luzes e a sonoplastia.

O diretor trabalha com o dramaturgo em obras cuja concepção é paralela à produção. No teatro contemporâneo, é comum considerar o diretor como o principal autor da peça, sem com isso retirar a importância do dramaturgo, um autor à parte, já que o texto em si é uma obra independente.

É o diretor que concebe a obra teatral, cinematográfica ou televisiva e toma as decisões necessárias para a sua concretização. Na atualidade, o termo *encenador* caracteriza melhor o trabalho que tende à participação, troca, colaboração, pesquisa conjunta, descrevendo perfis mais receptivos e democráticos. Todavia, é realmente importante o papel do encenador na concepção da peça, é dele a visão que traduz as intenções do texto e é ele quem escolhe as opções para melhor atender as necessidades do drama conforme os recursos produtivos disponíveis.

Cabe, ainda, ao encenador prever os tipos de ensaio a serem realizados no processo de preparação do espetáculo. Numa primeira etapa, o trabalho ocorre na sala de ensaios envolvendo parte ou todo o elenco, sem figurino, cenário, luz e trilha sonora. Nessa fase, cada cena é trabalhada isoladamente para depois ser encaixada numa sequência ou combinação. No palco, posteriormente, esse trabalho será inserido no que é chamado de **topografia da cena** 🎨, uma espécie de mapa que indica áreas de atuação, composição de cena, marcação e outros aspectos que dão fluência e naturalidade ao enredo. Numa etapa mais avançada, os ensaios ocorrem no palco, com todos os elementos visuais a fim de verificar a organicidade da montagem. Na fase que antecede a estreia, o encenador pode realizar ensaios abertos com a participação de um público criteriosamente selecionado, o mais próximo possível do perfil de público a que a peça se destina, para que se avalie sua reação e sejam providenciados os ajustes na encenação.

A relação dos intérpretes com o diretor é estreita e objetiva na realização de uma obra que precisa do talento de cada um. O diretor, ao escalar a equipe, torna-se cúmplice, sócio, parceiro, partícipe da construção dos personagens e da atmosfera. Nesse processo, a confiança é fundamental, pois é o diretor que avalia a atuação, regula sua intensidade, a performance dramática, dá ao intérprete liberdade e limites de improvisação, sempre buscando a melhor forma de contar a história.

Alguns diretores marcaram sua carreira artística por se tornarem exímios em determinado gênero e estilo dramático, como tragédia, comédia, farsa, melodrama, drama histórico, realista, simbolista, expressionista, épico, absurdo, peça de época, contemporânea, monólogo, musical. Como se vê, há muitos gêneros para todos brilharem.

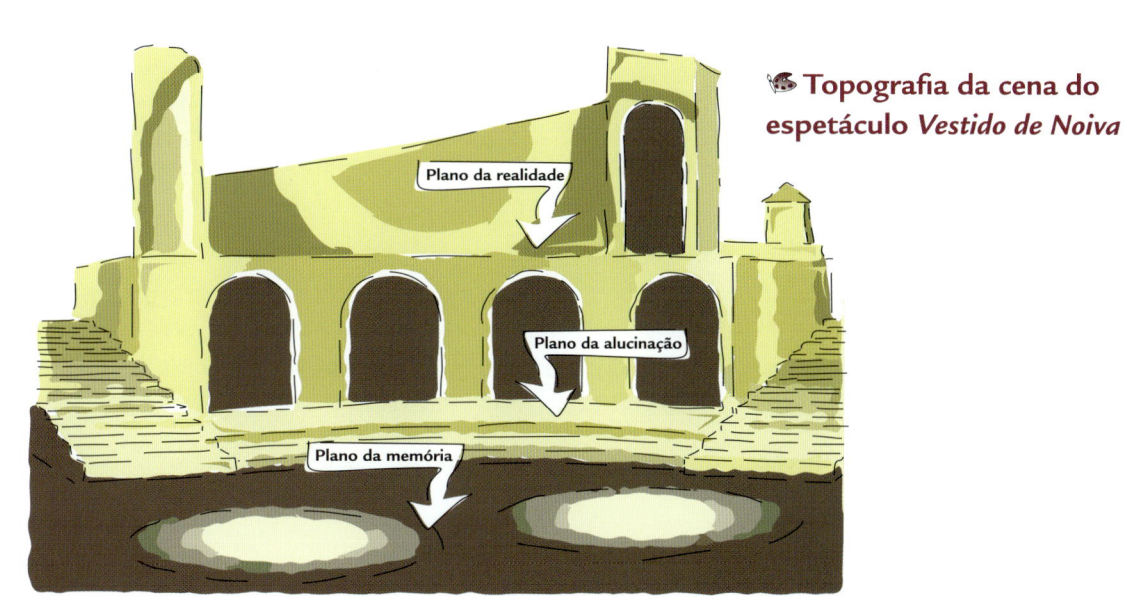

🎨 **Topografia da cena do espetáculo *Vestido de Noiva***

Plano da realidade
Plano da alucinação
Plano da memória

> **Leituras de mesa**
>
> Primeiros contatos dos atores e da equipe técnica com o texto dramatúrgico escolhido para nortear o espetáculo. Ao contrário do processo colaborativo, em que o grupo cria a sua própria dramaturgia, os atores, orientados pelo diretor, fazem a leitura do roteiro em voz alta, assumindo seus papéis e intervindo nos diálogos já com alguma entonação específica.

A partir da segunda metade do século XIX, surgiu a figura do encenador, na medida em que as peças se tornaram mais realistas e mais complexas, com mais elementos para serem conjugados e sincronizados. A tarefa de pensar a cena ligada a um modelo estético passou a ser dos encenadores e não mais dos autores, que até então ditavam suas poéticas. Isso possibilitou uma completa revisão na forma de conceber e realizar um espetáculo teatral. Sem dúvida, nesse processo de sedimentação da função do diretor teatral ao sistema de produção, a grande contribuição está na orientação de uma pesquisa sobre a cor local, a fidelidade histórica e a caracterização dos atores de acordo com o tempo da ação da peça.

No Brasil, a figura do diretor de teatro seguia a tradição lusitana predominante até a década de 1940, quando o polonês exilado da II Guerra Mundial Zibgniev Ziembinski introduziu um tempo maior de preparação das peças, uma análise mais rigorosa do texto em diversas **leituras de mesa** e ensaios exaustivos e sistemáticos. Ziembinski promoveu uma completa reformulação na disposição espacial da cena, empregou uma minuciosa sonoplastia, com efeitos de iluminação ligados à ação dramática e um aprofundamento da atuação dos atores.

Outros estrangeiros trouxeram para o Brasil avanços na direção teatral, como os italianos Franco Zampari (1898-1966), que dirigiu o Teatro Brasileiro de Comédia (TBC), Silvio D'Amico, Adolfo Celi, Ruggero Jacobbi, Aldo Calvo, Gianni Ratto, Flamínio Bollini Cerri, Luciano Salce, Bassano Vaccarini, Mauro Francini e Alberto D'Aversa.

Não há como negar que existe uma tensão entre autor e diretor, na medida em que o primeiro concebe a obra conforme seu imaginário perfeito e o segundo a concebe dentro da realidade plausível e limitadora, tanto em função da própria capacidade de interpretação do texto como da capacidade de encontrar a melhor composição para os elementos cênicos. Porém, visto de uma posição neutra, há uma oscilação recorrente entre espetáculos montados segundo a ótica das ideias do autor e espetáculos cujo teatralismo busca dar ao diretor a autoria da cena.

O som em cena

Os coros que louvavam os deuses na Grécia Antiga dependiam apenas da sua capacidade vocal para sua expressão artística. Da mesma forma que não havia nenhum recurso tecnológico para a iluminação, sendo a luz empregada proveniente do astro rei, era necessário ao cantor ou ator uma grande capacidade vocal para se fazer ouvir por centenas, às vezes milhares, de espectadores dispersos ao ar livre.

A exemplo dos demais elementos cênicos, o som é responsável por levar a informação aos espectadores que, fazendo uso do sentido da audição, captam e levam os estímulos ao cérebro para então serem interpretados. Portanto, o som também conta a história, não só pela palavra perfeitamente audível que os atores interpretam, mas pelos **efeitos sonoros** que pontuam o drama. Assim como os trovões numa cena de terror, mesmo sendo feitos a partir de lâminas metálicas, ou o crepitar do fogo, a partir de papel celofane amassado, há muitos exemplos de como o som pode tornar realista a ação dramática.

O som também intervém em cenas marcantes na lembrança do espectador, como na de um beijo apaixonado, na de uma perseguição ou numa cena de suspense. Nenhuma delas teria a mesma força se não fossem acompanhadas pela música certa, a melodia que exacerba as emoções, que sublinha e ilustra os pensamentos e as sensações.

Assim como acontece visualmente por meio dos cenários, figurinos, adereços, da iluminação e da própria atuação dos atores, a música e a sonoplastia permitem aos espectadores fazerem uma leitura apurada da trama, compondo um sistema complexo que se materializa no espaço cênico.

O ator e a representação

O ator é, antes de tudo, um privilegiado. Pode ser qualquer um, incorporar outra ***persona*** de corpo e alma para em seguida voltar a ser ele mesmo. Para isso, vale-se de exercícios de preparação e conscientização corporal de modo que seu eu se torne invisível. Aos olhos encantados da sua audiência, só o personagem existe.

Ao emprestar seu corpo, o ator torna-se veículo da arte. E tudo acontece ao vivo, diferentemente de outras artes — escultura, pintura, escrita —, cujo fazer não é mostrado ao público no momento em que acontece.

Por isso o ator necessita tanto do ensaio, porque aos outros artistas basta o livre fazer e desfazer, para só depois apresentar o resultado à sua audiência. Já o ator precisa elaborar seu trabalho tendo em conta que o apresentará por uma quantidade determinada de vezes e nenhuma apresentação será exatamente igual à outra. Sua habilidade está em superar essa contingência sem desfigurar a obra, e isso somente é possível pela construção sólida do personagem e por ensaios exaustivos.

Ser alguém por um momento e voltar a ser você mesmo em outro, aliar a vida imaginada e a vivida, não é tarefa simples, exige técnica, imaginação criadora e livre trânsito pelo espaço cênico. Uma linha tênue, sutil, separa o convencimento da incredulidade. Uma atuação convincente alcança certo grau de veracidade que desprende o espectador do real para o lúdico sem que essa transição seja percebida. Por meio de diferentes técnicas, modelos e sistemas, de Stanislavski, passando por Anton Tchekhov (1860-1904), Bertolt Brecht (1898-1956), Antonin Artaud (1896-1948), Jerzy Grotowski (1933-1999), Peter Brook (1925) e tantos outros, o ator busca abrir a janela para o infinito interior e, a partir de poucos elementos simbólicos, retratar a alma humana.

Gêneros e tipos

Comédias, tragédias, autos, óperas, farsas, melodramas, pantomimas, monólogos, jogos cênicos, magia, palhaçadas, brincadeiras, dramas sociais, moralidade, histórias educativas, teatro-tribuna, pano de cena — a arte de encenar especializou-se e diversas formas de representação surgiram através dos tempos. Algumas delas são tão antigas como a própria história da humanidade.

Predecessor dos esquetes cômicos atuais, o **Entremés** era uma peça teatral de um só ato, cômica e breve, visto que a trama e o conflito eram mínimos. Em cena havia entre três e cinco atores, costumavam representar as classes sociais baixas em situações absurdas para provocar o riso fácil e se dava nos intervalos dos atos de uma obra principal em apresentação.

Também o **Auto** é uma peça teatral em um só ato. Tem caráter religioso, ainda que existam Autos de temática profana e satírica, e caracteriza-se por conter sempre uma intenção moralizante. Representado em solenidades cristãs, com o surgimento de grandes autores ganhou outras finalidades, tornando-se gênero autônomo e de grande valor literário.

Os **Milagres**, por assim dizer, eram dramas litúrgicos que enfocavam a vida das principais figuras da doutrina católica, como a Virgem Maria, o Cristo, os santos. Nas representações faziam parte da encenação as pessoas a quem os santos ajudavam e outras personalidades públicas, atraindo o interesse dos espectadores. Com o decorrer do tempo, ao contrário dos Mistérios e das Moralidades, os milagres não sofreram alterações no seu conteúdo e forma de representar, o que levou ao seu abandono como expressão artística.

Os **Mistérios** são dramas litúrgicos que tinham como tema as festividades religiosas descritas nas Sagradas Escrituras. O Natal, a Paixão, a Ressurreição e a Páscoa eram os episódios mais representados. Certas encenações duravam vários dias, mas a Igreja proibiu os mistérios pela excessiva aproximação do litúrgico com o profano.

As **Moralidades**, ainda na categoria dos dramas litúrgicos, detinham-se à questão religiosa no viés do comportamento e do destino do homem. No lugar dos personagens bíblicos dos Mistérios, havia personagens alegóricos, ou simbólicos, como luxúria, avareza, esperança, guerra. Essas figuras personificavam defeitos, virtudes, acontecimentos, com a intenção de transmitir lições morais, religiosas e, sobretudo, políticas. É o passo mais decisivo na direção do teatro moderno.

O **Teatro de Feira** eram espetáculos teatrais montados dentro das feiras na cidade de Paris, nos séculos XVII e XVIII. Elas atraíam grande presença de populares, eram grandes eventos sociais e econômicos e aconteciam nas proximidades da **abadia** de Saint-German-de-Prés e da igreja de Saint Laurent, e depois da igreja de Saint-Ovide.

Abadia
Termo que deriva do latim *abbatia*, originado do aramaico *abba*, que significa pai. Comunidade monástica cristã, originalmente católica (casa regular formada), cujo tutor é o abade ou a abadessa, que dirige com a dignidade de pai, ou madre, espiritual da comunidade.

Como na época não havia energia elétrica, os espetáculos eram representados sob a luz do dia, por volta das cinco horas da tarde, de forma a dar tempo suficiente para todos retornarem às suas casas. A feira durava de três a cinco semanas, perto do período da Páscoa. A partir do século XVIII, passou a acontecer em fevereiro, indo até o domingo da Páscoa. O programa diário constituía-se de peças curtas e entretenimento variado, assim como poderia incluir uma peça longa seguida de uma farsa breve, sem jamais prescindir da música, parte fundamental dos espetáculos.

Na esteira do teatro ao ar livre ou de rua, surgem as pequenas companhias de teatro mambembe. Viajavam de cidade em cidade, em carroças que tanto eram a casa em que viviam os atores como o palco onde atuavam.

Nas carroças carregavam cenários, figurinos, maquiagem, adereços, assim como panelas, penicos e talheres. Os atores e atrizes eram chamados de saltimbancos ou trupes, encenavam peças cômicas e dramáticas. Foram perseguidos pela Igreja, tratados como foras da lei e passaram a usar **máscaras** para evitar serem reconhecidos. Uma tradição que descende diretamente dos saltimbancos é o circo.

Os **Sermões Burlescos** eram monólogos breves recitados por atores ou jograis mascarados com vestes sacerdotais.

Na Itália, a partir do século XVI e difundindo-se pela Europa ao longo dos 200 anos seguintes, a *Commedia dell'Arte* ganhou popularidade como forma de representação teatral marcada pela improvisação, comicidade e emprego de personagens fixos.

A sátira especializou-se na **Comédia Burlesca**, que ridicularizava, por meio da paródia e da caricatura, instituições, costumes e valores sociais. Começou parodiando textos clássicos, epopeias, aplicando uma linguagem própria, zombeteira e exagerada. A Comédia Burlesca é derivação da *Commedia dell'Arte* italiana.

Intrigas, equívocos engraçados são os componentes do **Vaudeville**, uma comédia intercalada de árias.

A **Sottie**, de *sot*, ou bobo, trazia temas políticos, era uma breve sátira, encenada por personagens simbólicos como o parvo (tolo), o truão (vagabundo ou palhaço) ou o bobo — tipos autênticos e psicologicamente bem construídos.

A **Farsa** era também uma sátira, mas diferentemente da *Sottie*, não havia teor político, somente os defeitos, as fraquezas e os acontecimentos cômicos da vida das pessoas comuns. Histórias de clérigos e freiras eram

Máscaras

Máscaras
Com feição triste ou alegre, representam o teatro e originam-se desses heróis anônimos que mantiveram a arte viva num período sombrio da humanidade.

fontes para as pequenas Farsas, espetáculo teatral de grande apelo popular. **Teatro de Sombras** é uma antiga arte do teatro oriental. As sombras são feitas com as mãos ou mesmo objetos, como papéis recortados numa sala escura, diante de uma fonte luminosa, vela, lanterna ou qualquer outro tipo de lâmpada. Os atores atuam como manipuladores das próprias mãos e outros objetos cênicos, projetam sombras sobre a superfície translúcida fazendo-as falarem, dançarem e cantarem.

O **Teatro Nô**, surgido no século XIV, tornou-se uma tradicional forma teatral japonesa. Antigas histórias são narradas por meio de movimentos e danças. O corpo é instrumento expressivo do ator.

O **Teatro Kabuki** também se tornou um gênero de teatro popular no Japão e combina maior número de elementos como música, dança, mímica, encenação e figurinos.

O teatro brasileiro do século XX

Muito popular no Brasil nas décadas de 1930 e 1940, o **Teatro de Revista** deriva da opereta francesa, surge em 1859, no Rio de Janeiro, e combina números de música, dança e humor. Também apela ao modelo francês no enredo frágil, que serve como elo entre os quadros, os quais, de forma independente, compõem a estrutura fragmentária do gênero, como uma grande e colorida colagem. O Teatro de Revista, o Vaudeville e a opereta formam o **Teatro Musicado**, onde a figura do compositor é tão importante quanto a do dramaturgo. No Brasil, contribuições preciosas foram feitas com maestria por Chiquinha Gonzaga, Diogo Assis Pacheco, Ari Barroso, Sinhô (José Barbosa da Silva), Paulinho Sacramento, Pixinguinha, Mário Lago, Lamartine Babo e Noel Rosa, entre outros.

A primeira metade do século XX marca o começo da celebrização das grandes figuras dos palcos. Surge um teatro de cunho mais comercial. As companhias são lideradas pelos primeiros atores — a principal atração —, deixando em plano secundário dramaturgos consagrados, textos importantes e até mesmo a montagem a ser apresentada. O dramaturgo **Oduvaldo Vianna Filho** (1936-1974) é uma exceção nesse contexto, o introdutor da prosódia brasileira no teatro, fixada até então em falas aportuguesadas. Procópio Ferreira (1898-1979) e Dulcina de Moraes (1908-1996) foram seus grandes intérpretes.

Procópio, Dulcina, Leopoldo Fróes (1882-1932), Jaime Costa (1897-1967) e Raul Roulien (1905-2000) representam o chamado **Teatro do Ator**, ou *velho teatro*, característico de uma época, entre os anos 1910 e 1950, em que a atividade era ancorada em um artista, a vedete, o centro das atenções, cujo poder crescia por agregar carisma, interesses e condições financeiras para bancar sua companhia. Baseados no exemplo do ator e empresário João Caetano (1808-1863), muitos se dividiram entre palco e bastidores e se dedicaram a dirigir teatros e companhias dramáticas.

A história está sempre em movimento, fluxo e contrafluxo, adesões e repúdios, elogios e críticas. Em 1927, começa a insurreição contra o teatro comercial considerado de baixo nível. Formado por amadores, o grupo Teatro de Brinquedo, de Álvaro Moreyra (1888-1964), propõe um teatro de elite.

Em 1943 é inaugurado em São Paulo o Teatro Brasileiro de Comédia (TBC). Inicialmente, era uma casa de espetáculos para grupos amadores, em seguida, profissionalizou-se. Em 1948 lançou Cacilda Becker (1921-1969), que se tornaria a sua principal atriz. O TBC Foi influente e teve grande presença na cena teatral brasileira até entrar em declínio, por volta de 1955, e encerrar suas atividades em 1964. Seu modelo inspirou outras companhias teatrais.

A presença do negro nos palcos brasileiros é marcada por vícios de representação, ele era mostrado como o avesso do personagem branco — heroico, destemido, paladino. Esse modelo reforçava a imagem de uma sociedade excludente e racista. Em 1944, Abdias do Nascimento (1914-2011) funda o Teatro Experimental do Negro (TEM), que desenvolve estudos históricos e estéticos das culturas africana e afro-brasileira, construindo uma dramaturgia alternativa.

Oduvaldo Vianna Filho
Autor, diretor e produtor, um dos autores de maior prestígio dos anos 1920 e 1930, dirigiu textos de sua autoria, espetáculos para companhias que ele mesmo criou e de terceiros, além de atuar como redator em diversos jornais.

🎨 Escolas de formação

No ano de 1943, um dos principais centros de formação de atores foi fundado em São Paulo por Alfredo Mesquita, a **Escola de Arte Dramática (EAD)**. Tatiana Belinky e Júlio Gouveia dirigiram o **Teatro Escola de São Paulo (TESP)**, que, de 1949 a 1951, itinerou pelos espaços da prefeitura paulista, além de marcar presença contínua na programação da TV Tupi até 1964. Maria Clara Machado criou com um grupo de amigos em 1951, no Rio de Janeiro, o **Teatro Amador O Tablado**, referência na formação de atores, figurinistas, cenógrafos, diretores e iluminadores, sendo até hoje um celeiro de talentos.

🎨 José Renato Pécora

Após a II Guerra Mundial, surge uma nova geração de dramaturgos, representada por Samuel Beckett (1906-1989), Arthur Adamov (1908-1970) e Eugène Ionesco (1909-1994), que recusa os modelos dramáticos em voga, criando o chamado **Teatro do Absurdo**. Suas obras são marcadas pela ausência de personagens concretos, conflitos e mensagens ideológicas enquanto denunciam a absurda falta de sentido da existência. A dramaturgia brasileira não foi influenciada diretamente pela modalidade, mas há pensadores que julgam o trabalho do gaúcho Qorpo Santo (1829-1883) como sendo precursor dessa linha teatral e encontram traços dela em certas obras de Hilda Hilst (1930-2004), Walmir Ayala (1933-1991), Moysés Baumstein (1931-1991) e Oswald de Andrade (1890-1954).

A partir de uma nova proposta espacial para o teatro, surgem novos elementos renovadores na dramaturgia e na encenação brasileiras, bem como **escolas de formação** 📖.

Em 1953, é fundado por **José Renato Pécora** 🎨 (1926-2011) o **Teatro de Arena** 📖 de São Paulo, que passa a apresentar montagens cuja temática social da luta de classes levam ao estrelato atores como Gianfrancesco Guarnieri. Liderado por Augusto Boal (1931-2009), o Teatro de Arena formou autores que adaptam textos clássicos para mostrar a realidade brasileira. As encenações implantam um novo sistema curinga, onde desaparece a noção de protagonista. O Arena utilizou o **Teatro Jornal**, uma das técnicas do **Teatro do Oprimido**, que combina o fazer político e o fazer teatral. Boal, seu criador, declarou certa vez: "Qualquer pessoa, mesmo que não seja artista, pode fazer do teatro um meio de comunicação".

Em 1958, na Faculdade de Direito do Largo São Francisco, em São Paulo, José Celso Martinez Corrêa (1937), Renato Borghi (1939), Carlos Queiroz Telles (1936-1993) e Amir Haddad (1937), entre outros, fundaram um grupo amador chamado Teatro Oficina. O grupo passou por várias fases, desde os preceitos de interpretação de Stanislavski, orientados por Eugênio Kusnet (1898-1975), passando pela fase brechtiana, cuja forma de interpretação distanciada está de acordo com ideias desenvolvidas pelo dramaturgo alemão Bertolt Brecht e ainda pela chamada fase irracionalista.

A década de **1960** traz uma geração de dramaturgos que irrompe na cena brasileira, abrindo caminho para muitos outros que viriam depois, na **Nova Dramaturgia**, para reconquistar espaços que a censura fechou: Plínio Marcos (1935-1999), Antônio Bivar (1939), Leilah Assumpção (1943), Consuelo de Castro (1946) e José Vicente de Paula (1945-2007) são alguns deles e sua obra merece atenção.

Em 1964, o grupo Opinião entra em atividade no Rio de Janeiro, adaptando shows musicais para o palco e desenvolvendo um trabalho teatral com acentuada marca política. Responsável pelo lançamento de Zé Keti e Maria Bethânia, o grupo realiza a montagem da peça *Se Correr o Bicho Pega, se Ficar o Bicho Come*, de Oduvaldo Vianna Filho (1936-1974) e Ferreira Gullar (1930).

O ano de 1968 marca o ingresso do teatro brasileiro numa fase de ousadias cênicas, tanto espaciais quanto temáticas. A censura recrudesce na década de 1970, obrigando os dramaturgos a usar metáforas para expressar a realidade brasileira. O teatro é veículo da voz de protesto, que nunca se cala. Fauzi Arap (1938) escreve sobre o próprio teatro, as opções alternativas de vida e temas de comportamento sexual. No período sombrio da ditadura, nos anos 1970, o Teatro Oficina foi invadido pela polícia (1974) e dramaturgos como José Celso Martinez Corrêa tiveram de enfrentar o exílio. Contudo, no seu regresso ao Brasil, em 1978, inicia-se uma nova e revigorada etapa do Teatro Oficina, que passa a se chamar Uzyna-Uzona.

Teatro de Arena
A fundação da companhia é celebrada por José Renato, Geraldo Matheus, Henrique Becker, Sergio Britto, Renata Blaunstein e Monah Delacy com a estreia, nos salões do Museu de Arte Moderna de São Paulo (MAM-SP), de *Esta Noite É Nossa*, de Stafford Dickens. Com a vinda de Boal, em 1956, o Arena busca a composição de repertório e de uma estética própria. Oduvaldo Vianna Filho, Milton Gonçalves, Flávio Migliaccio, Paulo José, Dina Sfat, Joana Fomm, Juca de Oliveira, Lima Duarte, Myriam Muniz, Isabel Ribeiro e Renato Consorte, entre outros, integraram o elenco estável em diferentes períodos. O Teatro de Arena encerrou suas atividades em 1972.

1960
Nessa década surgiu um tipo de espetáculo denominado por Anatol Rosenfeld de **Teatro de Agressão**. Sua repercussão no teatro brasileiro pode ser sentida em *Missa Leiga*, de Chico de Assis, *Roda Viva*, de Chico Buarque — cujos atores espirravam sangue de pedaços crus de fígado de boi na plateia —, *O Rei da Vela*, de Oswald de Andrade, *A Vida Escrachada de Joana Martini e Baby Stompanatto*, de Bráulio Pedroso, e em muitas obras de Nelson Rodrigues.

Personagem da peça *Macunaíma*

Surgem diversos grupos teatrais formados por jovens atores e diretores que buscavam caminhos independentes seguindo os preceitos da **Contracultura** — um importante difusor dos sentimentos de revolta contra as instituições —, eram grupos experimentais que criavam o **Teatro Alternativo**. Ofereciam espetáculos de rua gratuitos, cursos e oficinas, desafiavam convenções estabelecidas e formatos administrativos, preocupavam-se com a pesquisa teatral e angariavam o apoio comunitário. No Rio de Janeiro, o Asdrúbal Trouxe o Trombone retrata a nova classe média no espetáculo *Trate-me Leão*, e o Pessoal do Despertar assume o nome depois de encenar *O Despertar da Primavera*, de Wedekind. Em São Paulo, surgem grupos que renovam a cena teatral, como a Royal Bexiga's Company, com a criação coletiva *O Que Você Vai Ser quando Crescer*; o Pessoal do Vítor, egressos da EAD, com *Vitor ou as Crianças no Poder*, de Roger Vitrac (1889-1952); o Pod Minoga, alunos de Naum Alves de Souza (1942), que se lançam na produção coletiva *Follias Bíblicas*, em 1977; o grupo Mambembe, liderado por Carlos Alberto Soffredini (1939-2001), monta *Vem Buscar-me que ainda Sou Teu*; e o Teatro do Ornitorrinco, de Cacá Rosset (1954) e Luiz Roberto Galizia (1952-1985), sai literalmente dos porões do Teatro Oficina para a consagração nacional em espetáculos como *Os mais Fortes* e *Ornitorrinco Canta Brecht-Weill*. Em Porto Alegre, o grupo Terreira da Tribo sai às ruas e em São Paulo nasce a Cooperativa Paulista de Teatro.

Muitos grupos cooperativados dessa época merecem ser lembrados: A Comunidade, Dzi Croquetes e Pão & Circo, no Rio de Janeiro; Tuca, Viajou sem Passaporte e Os Farsantes, em São Paulo.

A ditadura dá sinais de enfraquecimento e um período de distensão inicia-se no Brasil. Em 1978, o grupo Pau-Brasil estreia *Macunaíma*, com a direção de Antunes Filho. Nasce uma nova linguagem cênica brasileira, as imagens passam a ter a mesma força da narrativa. Grandes montagens brasileiras fazem carreira internacional.

O ecletismo e a diversidade marcam o teatro brasileiro dos anos 1980 sob a influência do pós-modernismo, movimento marcado pela união da estética tradicional e moderna. Otávio Donasci (1952), e suas videocriaturas, personagens que são metade gente e metade máquina, é um nome de destaque no cenário nacional, assim como o do diretor e dramaturgo Gerald Thomas (1954), cujo teatro tem um apuro técnico inédito, cuja cenografia e coreografia ganham importância, priorizando outros suportes e as linguagens visuais e sonoras em suas montagens. Ambos caracterizam certa adesão ao **Teatro Multimídia**.

Os diretores Ulysses Cruz (1952), **José Possi Neto** (1947), Roberto Lage (1947) e Márcio Aurélio Pires de Almeida (1948) têm seus trabalhos reconhecidos. Cacá Rosset, do Ornitorrinco, configura-se num fenômeno de público.

Cresce, principalmente no Rio de Janeiro, uma dramaturgia de temática leve, rápida, moderna, o **Teatro Besteirol**, uma comédia de costumes que mostra cenas absurdas do cotidiano. Luís Alberto de Abreu (1952), que escreve *Bella Ciao* e *Xica da Silva*, é um dos autores mais produtivos, com sucessos que atravessam os anos 1990. O Besteirol revela outros encenadores: no Rio de Janeiro, Miguel Falabella (1956) e Vicente Paulo Pereira (1949-1993) destacam-se; em São Paulo, Maria Adelaide Amaral (1942), Flávio de Souza (1955), Alcides Nogueira Pinto (1949), Naum Alves de Souza (1942) e Mauro Rasi (1949-2003). A peça *Trair e Coçar É só Começar*, de Marcos Caruso (1952) e Jandira Martini (1945), transforma-se no mais exitoso sucesso comercial da década de 1990.

O **Teatro Pós-Moderno**, inaugurado por Antunes Filho em 1978, com *Macunaíma*, recebe contribuições do grupo XPTO, de Gerald Thomas, Márcio Vianna, Renato Cohen, Gabriel Villela, Antônio Araújo, Ricardo Karman, Felipe Hirsch e Mário Bortolotto, entre outros, em fases que revisitam o uso de novos e inusitados formatos expressivos.

Macunaíma
Tanto *O Rei da Vela*, de 1967, dirigido por José Celso Martinez Corrêa, quanto *Macunaíma*, de 1978, cujo texto foi publicado por Mário de Andrade no mesmo ano que o *Manifesto Antropofágico*, de Oswald de Andrade, em 1928, são considerados marcos do **Teatro Antropofágico**, que associa técnicas vanguardistas a elementos eruditos em busca da totalidade em busca da totalidade teatral.

José Possi Neto
Resgatou a tradição do **Cabaré** com o espetáculo *Emoções Baratas*, de 1988, ao transformar um clube noturno paulistano em espaço teatral para reverenciar a cultura negra.

> Criados em **1987** e presentes em 20 centros de atividades do SESI-SP da capital, Grande São Paulo e interior, os Núcleos de Artes Cênicas (NACs) oferecem cursos e atividades gratuitos que desenvolvem a expressão corporal, o trabalho em equipe, a disciplina e a liberdade criativa, estabelecendo um relacionamento cultural com industriários e comunidades de cada região. Os cursos livres, não profissionalizantes, de iniciação teatral ou de aperfeiçoamento, são ministrados em aulas práticas semanais e permitem a vivência do teatro na íntegra. Os alunos contam com orientadores especializados, que possuem experiência profissional em dramaturgia, direção teatral, arte-educação, produção e mediação cultural. A cada ano, em outubro e novembro, são apresentados ao público os resultados dos processos artísticos vivenciados ao longo do ano.

Em **1987**, a atriz performática Denise Stoklos (1950) inicia turnê internacional em carreira solo, apresentando o chamado **Teatro Essencial**, feito apenas com os recursos do corpo, da voz, do pensamento e da intuição, um desafio para o artista ao assumir a responsabilidade sobre todo e cada detalhe do espetáculo — texto, coreografia, modulação de voz e atitude do gesto.

De maneira geral, o teatro brasileiro dos anos 1990 mantém a tendência à visualidade e um retorno gradual à palavra por meio da montagem de clássicos. O experimentalismo continua e alcança sucesso de público e crítica. Antônio Araújo (1966) realiza uma encenação ritualizada e utiliza espaços cênicos não convencionais, como igreja, hospital, ônibus, leito de rio. As técnicas circenses também são adotadas por vários grupos. A figura do palhaço é usada ao lado da dramaturgia bem-humorada. Ganham destaque o dramaturgo Hugo Possolo (1962) e o ator, músico e bailarino Antônio Nóbrega (1952) com sua arte de brincante que explora o lado lúdico na encenação teatral, com músicas e danças regionais.

Os anos vindouros trouxeram novos talentos para a cena teatral brasileira, como Bia Lessa (1958), com sua *Viagem ao Centro da Terra*, e Gabriel Villela (1958), com *A Vida É Sonho*. O diretor Sérgio de Carvalho (1967), da Companhia do Latão, realiza um trabalho de pesquisa sobre o teatro dialético de Bertolt Brecht, que resulta nos espetáculos *Ensaio sobre o Latão* e *Santa Joana dos Matadouros*.

Em 1993, o diretor José Celso Martinez Corrêa reabre o Teatro Oficina, com a montagem de *Hamlet*, clássico de Shakespeare. Zé Celso opta por uma adaptação que enfoca a situação política, econômica e social do Brasil. Em 1998, estreia *Domésticas*, de Renata Melo (1956), espetáculo que tem forte influência da dança. Essa encenação dá sequência ao trabalho iniciado em 1994, com *Bonita Lampião*. Sua obra fundamenta-se na elaboração da dramaturgia pelos atores, por meio do estudo do comportamento corporal dos personagens.

O **Teatro Infantil**, assimilado como bem cultural desde os anos 1970 e realizado por adultos, mas endereçado às crianças, utiliza linguagem poética destacando o sonho e a fantasia nas encenações. Porém, importantes companhias e encenadores contemporâneos vêm trabalhando com o objetivo de popularizar um teatro voltado para todas as idades, tendo seus maiores representantes em Ilo Krugli (1930), fundador e diretor do Teatro Vento Forte desde 1974; **Vladimir Capella** ♣ (1951); grupo **XPTO** ♣ e Companhia Trucks de Animação.

O ano de 1998 marca o nascimento de um movimento intitulado **Arte contra a Barbárie**, que reivindicava uma política de Estado para a cultura e para a atividade teatral. Iniciado por grupos paulistanos, logo se espalhou por outros Estados e, em 1999, foi publicado o primeiro manifesto, assinado pelos grupos Companhia do Latão, Folias D'Arte, Monte Azul, Olho Vivo, Parlapatões, Patifes & Paspalhões, Pia Fraus, Tapa e Teatro União e por personalidades do meio, como Aimar Labaki, Fernando Peixoto, Gianni Ratto e Umberto Magnani, entre outros. O sucesso do movimento veio com a criação da Lei do Fomento, Lei Municipal 13.279, de 8 de janeiro de 2002, e uma ação que envolve espaços de criação, compartilhamento e pesquisa teatral com grupos e entidades ligadas às artes cênicas em 11 Estados. O próximo passo é estender a Lei do Fomento para o âmbito estadual e federal.

Antunes Filho (1929), em 1999, apresenta *Fragmentos Troianos*, baseada em *As Troianas*, de Eurípedes (480-406 a.C.). Pela primeira vez, o diretor monta uma peça grega. Essa montagem é resultado da reformulação de seu método de interpretação, alicerçado em pesquisas de impostação da voz e postura corporal dos atores.

♣ O **XPTO** levou ao palco do SESI-SP, em 1996, *O Pequeno Mago*, que recebeu quatro Prêmios APCA, seis Prêmios Mambembe, um Apetesb e três Prêmios Coca-Cola. Em 1997, o mesmo grupo encenou *Buster, o Enigma do Minotauro*, com produção do Teatro Popular do SESI-SP, arrebatando dois Prêmios APCA, três Mambembe e dois Prêmios Coca-Cola.

♣ **Vladimir Capella** encenou no SESI-SP os premiadíssimos espetáculos *Clarão nas Estrelas*, de 1998, — Grande Prêmio da Crítica, Melhor Atriz, Música, Cenografia e Iluminação pela APCA e Melhor Atriz pelo Coca-Cola, além de oito Prêmios Apetesb — e *Píramo e Tisbe*, que em 1995 levou seis Prêmios Mambembe e na montagem de 2011 foi vencedor do Prêmio FEMSA de Teatro Infantil e Jovem nas categorias Melhor Espetáculo Jovem, Atriz e Iluminação.

Bonecos e animação

O teatro de bonecos sempre foi popular, era difundido nas cortes europeias e utilizava textos clássicos em grandes produções. Está mais ligado à tradição, enquanto o teatro de animação se volta para as novas perspectivas do teatro contemporâneo. No final do século XIX e início do XX, as artes sofreram grandes transformações de ordem técnica, social e econômica. O público mudou e o boneco deixou de ser o foco principal, passando a contracenar com atores, dividindo com eles o palco ou sendo substituído por objetos de formas abstratas. O **Teatro de Bonecos e Formas Animadas** é uma manifestação contemporânea e abrange o teatro de formas e imagens, bonecos, objetos e atores na contracena.

Montagens fora da linha de montagem

Durante as décadas de 1990 e 2000, a mobilização de artistas e grupos foi intensificada nos centros urbanos, resultando na aglutinação de pensadores, produtores e artistas em torno da conscientização de que o trabalho teatral não pode ser resumido a uma linha de montagem de espetáculos e eventos: o trabalho exige pesquisa de campo, invenção na sala de ensaio e imersão na imaginação pública. Assim, a paisagem teatral foi ocupada pela prática coletiva: o **Teatro de Grupo**. Essa prática fez nascer um teatro múltiplo, com várias modalidades de criação e experimentações diversas, que se reinventa, que cresce em qualidade, destaca-se e conversa com a realidade latino-americana.

Décadas depois, é inegável a ampla e perene busca de José Celso Martinez Corrêa, que perpassou todas as fases do teatro nacional emprestando cores próprias ao cenário em cada uma delas. É dele a proposta do **Te-Ato**, que derrubaria limites entre intérpretes e público e entre realidade teatral e realidade social. Te-Ato seria transformação da arte em vida e da vida em arte.

Fórum de retroalimentação de conceitos e ideias

O encontro da classe teatral em festivais municipais, estaduais, nacionais e internacionais proporciona o enriquecimento cultural advindo da diversidade. Essencial na formação de atores, encenadores e dramaturgos, revigora concepções e interpretações e proporciona uma visão mais crítica sobre os trabalhos, num intercâmbio que faz surgir o novo, o experimental e o contemporâneo.

> Em 1979, a montagem de *A Falecida*, de **Nelson Rodrigues**, dirigida por Osmar Rodrigues Cruz, recebe o Prêmio APCA de Melhor Cenotécnico para Arquimedes Ribeiro e Prêmio Mambembe de Melhor Cenografia para Flávio Império.

As peças que marcaram o teatro brasileiro

Além do inigualável *Vestido de Noiva*, de **Nelson Rodrigues** (1912-1980), considerado divisor de águas por distribuir a ação em três cenários simultaneamente, criando possibilidades até então desconhecidas — no que se chamou de **Teatro Engajado** na luta contra a ditadura —, vale destacar dois espetáculos: *Eles não Usam Black-Tie*, do italiano radicado no Brasil Gianfrancesco Guarnieri, e *Liberdade, Liberdade*, de Millôr Fernandes e Flávio Rangel, uma peça-manifesto contra a censura. Essa modalidade aproxima-se do **Teatro Épico** de Brecht, inspirando Oduvaldo Vianna Filho, Augusto Boal e Carlos Queiroz Telles.

Na mesma linha seguia o **Teatro de Resistência**, com uma dramaturgia de motivação social que tentava avançar apesar da ditadura militar, contando com Ferreira Gullar, Paulo Pontes, Ruy Guerra, Chico Buarque, Lauro César Muniz, Jorge Andrade, Mário Prata, João das Neves e muitos outros.

Nelson Rodrigues é também o autor da expressão **Teatro Desagradável**, que designa algumas de suas obras com predominância de temas mórbidos, imorais e monstruosos.

Personagem da peça A Falecida

Orfeu, personagem da mitologia grega

Expoentes

Ópera

Von Gluck, o reformador

O compositor austríaco Christoph Willibald Ritter von Gluck (1714-1787) é mais conhecido como o reformador do drama lírico por atuar como o purificador da ópera, imprimindo nela a grandeza do teatro clássico.

Tendo tomado por base a música italiana, sua ópera reformada tinha como objetivo reverter o gênero a um estilo semelhante ao da tragédia grega clássica, em árias despojadas que asseguravam um efeito continuamente dramático, ao invés da ópera até então em voga, com seu rebuscamento e sequência mal conectada de episódios.

Ao escrever a música para suas óperas, sua intenção foi deixar de lado todos os abusos que, por vaidade dos cantores ou complacência dos compositores, vinham desfigurando a ópera italiana, a qual, de um espetáculo maravilhoso e pomposo, parecia ter sido condenada a um mero arremedo ridículo e tedioso. Gluck pôs a música a exercer a sua verdadeira função: ajudar a poesia a expressar as emoções e as situações do tema, sem interromper a ação com ornamentos excessivos.

Quando, em 1755, von Gluck apresentou *L'innocenza Giustificata*, em Viena, começou a desenvolver seu estilo próprio, voltado única e exclusivamente para a verdade dramática. Embora seu talento fosse reconhecido, não fez sucesso na mesma proporção com suas óperas cômicas francesas, na época um gênero pouco apreciado em Viena.

Paris viu consolidar seu prestígio de reformador com *Iphigénie en Aulide*, de 1774, e o seu auge com *Iphigénie en Tauride*, de 1779, obra de intensa religiosidade.

Longe de ser uma unanimidade, Von Gluck só pôde desenvolver seu potencial criativo em razão de ser protegido pela rainha Maria Antonieta. Assim, ele viveu os melhores anos da corte de Versalhes, tendo sua amada Viena testemunhado seus últimos momentos. Sua obra é composta por seis óperas reformadas, todas com temas relacionados à **mitologia grega**. Admirado em toda a Europa de seu tempo, Von Gluck abriu caminho para as grandes óperas do século XIX, de Wagner, passando por Verdi e chegando a Puccini.

> **Libreto**
> Do italiano *libretto*, é o texto usado em uma peça musical do tipo ópera, opereta, musical, oratório e cantata. *Libretto* significa literalmente livrinho, inclui as palavras tanto das partes cantadas quanto das faladas.

> **Óperas-Cômicas**
> De origem francesa, mesclam música instrumental e vocal e diálogos falados ou recitados em repertório de apelo popular.

Ecos da ópera tropical

No Brasil do século XIX, a ópera de autoria de portugueses, e possivelmente de brasileiros, tinha **libreto** em português ou o texto traduzido se pertencesse ao repertório italiano. Merecem destaque o carioca Antônio José da Silva (1705-1739); o português Bernardo José de Souza Queiroz (c. 1770-1850), autor da primeira ópera genuinamente brasileira, *Zaíra*; e Arthur Azevedo (1855-1908), que produziu cinco **Óperas-Cômicas**, sendo quatro adaptações ao cenário brasileiro.

O mais famoso compositor de ópera brasileiro é Carlos Gomes (1836-1896), autor das consagradas *Il Guarany* e *Lo Schiavo*. Na atualidade, a ópera brasileira segue as tendências da música de vanguarda, como se verifica em *Olga*, de Jorge Antunes, *A Tempestade*, de Ronaldo Miranda, e *O Cientista*, de Silvio Barbato. O cantor e compositor Elomar Figueira Mello (1937) criou, em 1983, o *Auto da Catingueira*, uma ópera em cinco movimentos, e ainda as *Árias Sertânicas*, em 1992, cuja temática envolve o homem sertanejo. Já o compositor brasiliense João MacDowell vem obtendo grande sucesso com encenações de sua ópera bilíngue *Tamanduá* nos palcos norte-americanos.

Soltando a voz desde o berço até os dias atuais

A Itália, berço da ópera, contribuiu historicamente com grandes expoentes. O primeiro gênio foi Claudio Monteverdi (1567-1643), passando por Francesco Cavalli (1602-1676), Alessandro Scarlatti (1660-1725), Nicola Logroscino (1698-1763), Giovanni Battista Pergolesi (1710-1736), Niccolò Jommelli (1714-1774), Gioachino Rossini (1792-1868) e, talvez os dois mais conhecidos, Giuseppe Verdi (1813-1901) e Giacomo Puccini (1858-1924).

Minimalismo
Música cuja sequência melódica se repete. Originalmente propunha estimular as ondas cerebrais e assumir estados típicos de meditação.

No panorama internacional, após a prevalência das correntes **minimalistas** e **atonais** de vanguarda, a segunda metade do século XX trouxe certa indefinição de estilo ou corrente de maior influência na cena operística. Compositores como Philip Glass (1937) e John Cage (1912-1992) seguiram o estilo minimalista, enquanto Samuel Barber (1910-1981) e Francis Poulenc (1899-1963) compuseram obras marcadamente **tonais**. No momento, os principais compositores de ópera são John Adams (1947), Tobias Picker (1954), Jake Heggie (1961), André Previn (1929), Mark Adamo (1962) e Kaija Saariaho (1952), dentre outros.

Música atonal
Causa um estranhamento, parece confusa, aleatória, mas na verdade é expressão de liberdade, não oferece qualquer referência tonal ou nota central.

A produção operística continua intensa, embora somente algumas se consolidem no repertório das casas de ópera.

Música tonal
Concebida a partir de um centro tonal que define um ponto de referência para o ouvinte, como os gêneros populares, o rock-and-roll e o samba.

Circo

George Savalla Gomes, o Carequinha

George nasceu predestinado a ser mais conhecido como o palhaço Carequinha. Sua família era circense e ele descendia de pais trapezistas, Elisa Savalla e Lázaro Gomes. George praticamente nasceu debaixo da lona do circo: sua mãe entrou em trabalho de parto em cima do picadeiro, enquanto fazia a performance de trapézio. Corria o ano de 1915.

Aos 5 anos, mal firmado em cima das perninhas miúdas, o personagem Carequinha dava os seus primeiros passos, ou cambalhotas. Aos 12, era o palhaço oficial do Circo Ocidental, de propriedade de seu padrasto.

O rádio entrou na sua vida em 1938, com o *Programa do Picolino*, na Rádio Mayrink Veiga, no Rio de Janeiro. Carequinha era multimídia muito antes de este termo aparecer no vocabulário. Ele foi o primeiro palhaço a ter um programa na TV brasileira, nas décadas de 1950 e 1960 apresentou o *Circo do Carequinha* na extinta **TV Tupi**.

TV Tupi
Primeira emissora de televisão do Brasil e da América do Sul e quinta do mundo. Foi fundada em 18 de setembro de 1950, em São Paulo, pelo empresário paraibano Assis Chateaubriand.

Essa junção de circo e televisão começou com Carequinha na época em que não havia videoteipe. Ele apresentava seu programa aos sábados na TV Curitiba, aos domingos na TV Piratini, em Porto Alegre, e ia com seu circo até terça-feira percorrendo inúmeras cidades do interior.

Carequinha inventou brincadeiras com as crianças que se tornaram comuns nos programas infantis, como dar cambalhota, rodar bambolê, calçar sapatos, vestir paletó primeiro, brincadeiras com maçã e furar bolas. Gravou 26 discos, fez filmes e colocou sua marca em diversos produtos infantis.

Seu imenso repertório musical, formado quase integralmente por cantigas de roda, são clássicos da música infantojuvenil, folclórica e carnavalesca — *Sapo Cururu*, *Marcha Soldado*, *Escravos de Jó*, *Samba Lelê* e outras que estão na memória de muitos brasileiros com 50 anos ou mais. Durante muito tempo, sua intenção era, ao morrer, ser enterrado com a cara pintada, segundo ele, para alegrar os mortos. No entanto, quando faleceu, aos 90 anos, seu desejo não foi atendido pela família, ele foi enterrado de cara limpa, porém, vestindo roupa de palhaço.

TV Tupi

Respeitável público!

Ciganos
Sua cultura é baseada na oralidade, não havendo registros escritos de sua história e origem. Os movimentos migratórios datam do século X. Os primeiros grupos de ciganos chegados à Europa ocidental fantasiavam sobre suas origens, atribuindo-se uma procedência misteriosa e lendária como estratégia de proteção na sociedade, já que sempre foram minoria. Esse mistério é característica cigana e combina perfeitamente com o espetáculo circense, cheio de espantos e proezas.

Nada menos do que o incrível. É isso que se espera de um espetáculo de circo. A magia do circo faz o espectador viajar na alegria dos palhaços, nas acrobacias dos malabares e na beleza das cores.

O termo palhaço deriva do italiano *omino di paglia*, homem de palha, aquele que se apresenta vestindo roupas desproporcionais e multicoloridas, tem o rosto pintado, usa acessórios característicos e provoca graça, riso, alegria, fazendo gracejos, momices, pilhérias e trejeitos. A figura do palhaço está ligada ao circo, uma companhia itinerante que reúne artistas de diferentes especialidades, como malabarismo, acrobacia, monociclo, contorcionismo, equilibrismo, ilusionismo, entre outras.

Seu palco natural é a arena — picadeiro circular, com assentos em seu entorno, enquanto circos itinerantes costumam se apresentar sob uma grande tenda ou lona. Sua aceitação é tamanha que todas as mídias o requisitam: rádio, TV, cinema, publicidade. Não há espaço de comunicação que os palhaços não tenham ocupado.

O circo chega ao Brasil no século XIX, com as levas de **ciganos** oriundos da Europa, onde eram perseguidos. Pelo fato de ser uma atividade itinerante, o circo guarda ligação estreita com o povo cigano. Sua coragem e disposição geraram grandes domadores, ilusionistas e cavaleiros, que apresentavam sua destreza em equitação. Ao viajar de cidade em cidade, formatavam os espetáculos conforme a preferência do público local. Os números que não faziam sucesso eram tirados do programa.

Algumas atrações foram adaptadas ao estilo brasileiro. O palhaço europeu, por exemplo, era menos falante, usando a mímica como base. No Brasil, o palhaço fala mais, utiliza a comédia sorrateira e instrumentos musicais como o violão.

Os mestres da cara pintada mais conhecidos no Brasil são: Polydoro, Fuzarca, Tico-Tico, Formiguinha, Periquito, Chic-Chic, Chicharrão, Pururuca, Atchim & Espirro, Piolin, Pinguinho, Bolinha, Ripolim, Pingolim, Pisca-Pisca, Chico Biruta, Picolino e Ligeirinho. Porém, o rádio e a TV consagraram outros tantos, como Arrelia, Bozo, Carequinha e Estilingue e Torresmo, que, como os clowns, formavam uma dupla cômica. Originalmente, o **clown** branco é um tipo de palhaço que usa maquiagem branca no rosto, é educado, apresenta gestos refinados e trajes elegantes. Com a influência do Pierrô do século XIX e da tradição aristocrática, o personagem foi se consolidando nos circos europeus e, ao incorporar o diálogo, passou a atuar em dupla com o augusto, sendo este o dominado, e o clown o personagem dominante.

Atualmente, as atrações circenses incorporam inúmeros avanços tecnológicos e são espetáculos glamorosos tanto para a plateia presente quanto para o telespectador. Sob influência do teatro mambembe, do próprio mundo circense, da ópera e da dança, produções grandiosas vêm levando ao palco sofisticado aparato de cenário, figurino, maquiagem e efeitos visuais que impressionam e numerosas trupes formadas por contorcionistas, malabaristas, palhaços e trapezistas em performances multimídia. O design temático dos shows apresenta traços medievais e barrocos, música ao vivo, arte e cultura do mundo inteiro. O Circo da China, com mais de 50 anos, e o Cirque de Soleil, criado há 28 anos, — que conta com distintos núcleos formados por artistas de diversas nacionalidades para levar os espetáculos simultaneamente a vários países — são grandes exemplos de espetáculos modernos.

O circo ganhou ramificações, como o chamado circo contemporâneo, que agora é aprendido em escolas especializadas e não somente com os pais, como era tradicionalmente. A primeira escola surgiu no Rio de Janeiro, em 1982, a Escola Nacional de Circo. Assim, os jovens passaram a aprender técnicas circenses e, ao se formar, criaram grupos independentes que se apresentam profissionalmente.

Clown
O termo vem da pantomima inglesa, onde o personagem era o cômico principal, com funções de serviçal. No meio circense, é quem satiriza o desajuste e a tolice em suas ações, participando basicamente de entradas e reprises.

🐟 **Circo Contemporâneo Brasileiro**

O **Circo Contemporâneo Brasileiro** 🐟 é formado por grupos longevos, como Nau de Ícaros, Teatro de Anônimo, Circo Escola Picadeiro, Linhas Aéreas, Intrépida Trupe, Parlapatões, Circo Mínimo, Acrobático Fratelli, LaMínima, Pia Fraus, Patifes e Paspalhões. Muitos deles deram destaque à intensa mistura entre circo, dança, teatro e mímica, no que se convencionou chamar de **Teatro Físico**. Esse tipo de produção teatral eclética tem ainda como expoentes a Cia. do Feijão, XPTO, Circodélico, Fráctons, Cia. Lume, Cia. Dani Lima e Trampolim.

Dança

Movimento e expressão, Beaujoyeulx

Na história da dança, Balthazar de Beaujoyeulx (c. 1535-1587) é considerado o primeiro coreógrafo de balé, o autor do primeiro bailado com estrutura artística, apresentando um trabalho de composição de dança e canto com dramatização. Na verdade ele era italiano, seu nome verdadeiro era Baltazarini Di Belgioioso. Essa forma afrancesada de seu nome se tornou a mais conhecida porque a dança, no século XVI, só se desenvolveu realmente entre os franceses, espalhando o acento francês em tudo o que envolve essa arte.

A dança na correnteza da história

Assistir a um espetáculo de balé é entregar-se a uma emoção muito particular. A música, o movimento e a expressão são combinados e executados de modo tão perfeito que parecem ter surgido naturalmente juntos. No entanto, isso é apenas na aparência. Um **bailarino** profissional segue um treinamento específico e rigoroso, a sobrecarga da musculatura e das articulações, muitas vezes, pode abreviar sua carreira, tal como acontece com muitos atletas.

Bailarino
A profissão exige muita disposição para os ensaios e treinamentos, além de disciplina, força física, responsabilidade e capacidade de concentração.

O balé como conhecemos hoje nasceu na Itália, no século XV, durante a Renascença. Contudo, foi na França, no século XVI, que se consolidou como espetáculo cênico. Pouco antes da Segunda Guerra Mundial, esse gênero foi trazido novamente à Europa ocidental pelos russos da companhia Diaghilev. No decorrer do século XX, o balé continuou a se desenvolver e outras formas derivadas do estilo clássico surgiram, como o neoclássico, o contemporâneo e o pós-estrutural.

O Brasil que dança

Durante a década de 1970, surgem as primeiras experimentações cênicas de **Dança-Teatro**, que buscam uma corporeidade inédita capaz de expressar as transformações da vida. Dentre os expoentes da dança brasileira estão: Célia Gouvêa, Ana Botafogo, Marilena Ansaldi, o japonês Takao Kusuno, que trouxe ao Brasil a dança a partir do butô, Renée Gumiel, Ismael Ivo, Dorothy Lerner, Francisco Medeiros, Ruth Rachou. Entre os intérpretes-criadores, cabe destacar: Mara Borba, Sonia Motta, Clarisse Abujamra, J. C. Violla, Lala Deheinzelin, Denilto Gomes, Carmem Paternostro, Val Folly, Vera Sala, Dagmar Dornelles, Fernando Lee, Mariana Muniz, Umberto da Silva, Sandro Borelli, Renata Mello, Gisela Rocha, Miriam Druwe, Lara Pinheiro e Marta Soares.

O mundo da dança

Muitos entusiastas e profissionais dedicaram sua vida à dança. Alguns não podem deixar de ser lembrados, como Pierre Beauchamps (1636-1705), por ter formulado as cinco posições básicas da dança clássica; Marie Sallé (1707-1756), por introduzir naturalidade e sobriedade no figurino; Marie Camargo (1710-1770), a primeira bailarina a usar malhas e a ganhar fama como profissional devido à sua inteligência, técnica brilhante e ao seu estilo; Jean-Georges Noverre (1727-1810), professor e renovador que lançou as bases do balé como espetáculo teatral; Gaetano Vestris (1729-1808), grande bailarino do Ópera de Paris, famoso por sua elegância, chamado de *deus da dança*, teve Luis XIV como um de seus alunos.

Tarantela
Esteve muito em voga entre os séculos XIV e XV. No idioma italiano, *tarantella* designa uma dança popular viva, caracterizada pela troca rápida de casais. Provém de Taranto, cidade da região da Puglia, no sul da Itália. Em geral é conduzida por um cantor central e acompanhada por castanholas e tamborim.

Marie Taglioni (1804-1884) foi a pioneira da dança nas pontas; Fanny Elssler (1810-1884) levou para o balé a **tarantela**, a gitana e a cachucha; Jules Perrot (1810-1892) foi o único homem a se destacar na época romântica; Anna Pavlova (1881-1931), a grande bailarina russa, afirmava: "Ninguém pode chegar ao topo armado apenas de talento. Deus dá o talento; o trabalho transforma o talento em gênio"; Vaslav Nijinsky (1890-1950), um dos maiores bailarinos de seu tempo, formou par com a consagrada bailarina Anna Pavlova na companhia de balé de Serguei Diaguilev; Carlo Blasis (1795-1878) assentou as bases técnicas da dança clássica com seu *O Código de Terpsicore*, publicado em 1830, e Pina Bausch (1940-2009), coreógrafa, dançarina, pedagoga de dança e diretora de balé, revolucionou o mundo da dança ao romper com o balé clássico e valorizar em cada bailarino uma abordagem psicológica individual, criando o chamado **Teatro-Dança**.

Cabe ressaltar que a dança extrapola o âmbito da cena dramática e ocupa os salões de baile em clubes, associações, escolas, numa infinidade de ritmos e movimentos: balé, *ballroom*, bolero, break dancing, capoeira, *ceroc*, **cancã**, chá-chá-chá, contemporânea, contradança, *country western*, disco, *exotic dancing*, flamenco e *spanish gypsy*, *folk and traditional*, *foxtrot*, funk, jazz, *line dance*, mambo, merengue, *middle eastern*, *modern*, polca, religiosas e dança sacra, rumba, salsa, samba, frevo, swing, *scottish*, *country dancing*, *square dance*, tango, twist, valsa e *western*.

Ao longo da história, os países desenvolveram um estilo próprio de dançar que está enraizado no gosto de sua população. Na Espanha se dança fandango, bolero, jota, seguidilha, flamenco; na Itália, tarantela, furlana; na Inglaterra, jiga; na Polônia, mazurca e polca; na Hungria, xarda; em Portugal, vira, verde-gaio, malhão, fandango ribatejano, pauliteiros de Miranda do Douro, gota, chula, corridinho; e no Brasil, baião, samba e muitas derivações conforme a predominância étnica na formação da nossa rica diversidade cultural.

Teatro

Uma cena com muitos protagonistas

Obra coletiva, uma peça teatral, mesmo se tratando de um monólogo, é a soma de diferentes artes. O ator em cena nunca está sozinho na aventura de contar a história. Portanto, relacionar dramaturgos, atores e diretores que mais se destacaram na história do teatro é tarefa que certamente cometerá injustiças. De toda forma, justificadamente, prestamos esse tributo àqueles que ajudaram a fazer o teatro que hoje conhecemos.

Dançarina de cancã

Stanislavski

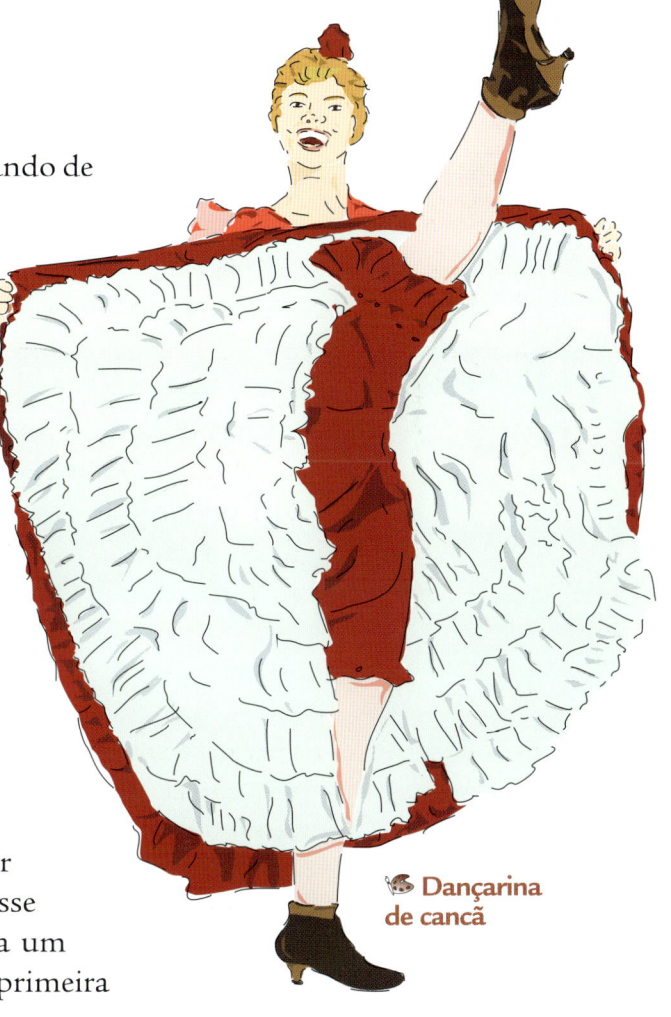

Constantin Siergueieivitch Alexeiev (1863-1938), ator, diretor, professor e escritor russo, filho de um fabricante de tecidos que nem por isso deixou de apoiar o filho em seu interesse pelas artes, tendo mandado construir em casa um miniteatro onde, aos 7 anos, o menino fez sua primeira apresentação. Crescido, fundou um grupo amador e passou a estudar a arte teatral com grandes personalidades da época. Stanislavski trabalhou no Teatro de Arte de Moscou, onde durante anos pôde testar métodos e técnicas no trabalho de preparação do ator. Muitos foram deixados de lado e outros aprofundados. Seus estudos geraram o conhecido *método Stanislavski*, como ele mesmo o chamou, que está embasado nas ações físicas, as quais transmitem o espírito interior do papel a ser interpretado e são abastecidas pela vida e pela imaginação que o ator empresta ao personagem. Assim sendo, a partir de Stanislavski, ações físicas, espírito interior, imaginação são palavras que se tornaram importantes no fazer teatral, na composição dos personagens, são palavras-chave integradas em todos os métodos de interpretação para o ator. Stanislavski afirmava que seu sistema era um guia, não uma filosofia. As leis da arte são as leis da natureza e, assim, definia o **Teatro Naturalista**, que influenciou o teatro e depois o cinema no famoso Actors Studio, dirigido por Lee Strasberg em Nova York. O primeiro passo do ator é colocar o inconsciente para trabalhar, o segundo é *deixá-lo de lado*.

Shakespeare

Entre os dramaturgos, não há como negar, **William Shakespeare** (1564-1616) é a personalidade referencial quando o assunto é teatro. Sua obra atravessa os tempos e continua a ser recorrente nos palcos, em novas adaptações, mas também a televisão, o cinema e a literatura têm sido influenciados por sua genialidade. Poeta e dramaturgo inglês, Shakespeare produziu a maior parte de sua obra entre 1590 e 1613. Começou pelas comédias e obras baseadas em eventos e personagens históricos, gêneros que levou ao máximo grau de sofisticação e talento artístico ao fim do século XVI. A partir daí, dedicou-se às tragédias até por volta de 1608. Nessa leva, vieram *Hamlet*, *Rei Lear* e *Macbeth*, as obras mais importantes na língua inglesa. Na sua última fase, escreveu tragicomédias, romances e colaborou com outros dramaturgos.

Molière

Jean-Baptiste Poquelin (1622-1673), dramaturgo francês, além de ator e encenador, é considerado mestre da comédia satírica. Até sua entrada em cena, a dramaturgia francesa era dependente da temática da mitologia grega. Ele fez uma ácida crítica aos costumes de sua época, porém, o gozador irresponsável transformava-se num encenador meticuloso e severo. Molière era um pseudônimo que, por circunstâncias, teve de adotar. Ele ergueu companhias de teatro e levou-as à bancarrota, o que lhe valeu algumas semanas na prisão por conta das dívidas.

Molière era mestre em atrair amigos influentes, mas também inimigos de igual calibre. Gênio da literatura francesa e universal, encontrou no conflito seu elemento primordial, revitalizou as formas tradicionais da comédia — a **Comédia de Intriga**, entre elas, cujo clássico foi o texto *As Malandragens de Escapino* —, criando um novo estilo em que os contrários entram em choque: a verdade opõe-se à falsidade, a inteligência ao pedantismo. Esse estilo, unido à aguda percepção do absurdo da vida cotidiana, deu às suas obras uma característica inconfundível.

Molière é um dos autores mais encenados no Teatro do SESI-SP, sempre com muito sucesso. Em 1966, foi levado ao palco, com direção de Osmar Rodrigues Cruz, *O Avarento*, que retornou em 1998 com a direção de Cacá Rosset e o seu Teatro do Ornitorrinco. Em 1974, *O Médico à Força*, e, entre 1992 e 1993, José Rubens Siqueira dirigiu *Escola de Maridos*. Mais recentemente, em 2012, foi levado ao palco *L'Ilustre Molière*, com a Companhia D'Alma, na direção de Sandra Corveloni.

Brecht

Bertholt Brecht (1898-1956), dramaturgo, poeta e encenador alemão do século XX. Seus trabalhos artísticos e teóricos fundaram o teatro contemporâneo. Brecht estudou medicina e foi enfermeiro num hospital em Munique durante a Primeira Guerra Mundial. Anos depois, perseguido pelo regime nazista, exilou-se primeiro na Áustria, depois na Suíça, Dinamarca, Finlândia, Suécia, Inglaterra, Rússia e, finalmente, nos Estados Unidos. Brecht recebeu o Prêmio Lênin da Paz em 1954. Além de dramaturgo e diretor, aprofundou o método de interpretação do teatro épico, uma das teorias que perduraram na interpretação durante o século XX.

Martins Pena

Luís Carlos Martins Pena (1815-1848), representante brasileiro legítimo da **Comédia de Costumes** — sátira aos costumes mundanos —, considerado o Molière brasileiro, retratou a fisionomia moral de sua época, criando um amplo e exato painel de costumes da roça e da cidade do Rio de Janeiro.

Suassuna

Ariano Suassuna (1927), dramaturgo, romancista e poeta defensor da cultura e da tradição nordestina, é filho de político, criado em meio aos desatinos das revoluções. Em 1947, escreve sua primeira peça, *Uma Mulher Vestida de Sol*. Torna-se advogado e depois abraça a carreira de professor de estética. Em 1957, é encenada a peça ***O Casamento Suspeitoso***, em São Paulo, pela companhia de Sérgio Cardoso, grande ator do cenário teatral brasileiro. Entre 1958 e 1979, Suassuna dedica-se também à prosa de ficção, publicando o *Romance d'A Pedra do Reino e o Príncipe do Sangue do Vai-e-Volta* (1971) e *História d'O Rei Degolado nas Caatingas do Sertão e Ao Sol da Onça Caetana* (1977), classificados por ele de *romance armorial-popular brasileiro*.

Dias Gomes

Baiano de Salvador, Alfredo de Freitas Dias Gomes (1922-1999) — romancista, dramaturgo, autor de telenovelas e membro da Academia Brasileira de Letras — escreveu sua primeira peça, *A Comédia dos Moralistas*, aos 15 anos e com ela ganhou o prêmio do Serviço Nacional de Teatro e, no ano seguinte, da União Nacional dos Estudantes (UNE). Em 1941, sua peça *Amanhã Será Outro Dia* chegou às mãos do ator Procópio Ferreira que, empolgado com a qualidade do texto, chamou o autor para uma conversa. Ficou resolvido que a peça a ser encenada seria *Pé-de-cabra*, uma espécie de sátira ao maior sucesso de Procópio até então. Porém, no dia da estreia, ela foi proibida sob a alegação de que continha alto conteúdo marxista. Naquela altura, Dias Gomes não havia lido sequer uma linha de Marx em sua vida. Apesar desses contratempos, Procópio Ferreira contratou-o como autor exclusivo. Contudo, houve sérias divergências entre eles, principalmente com relação à exacerbada visão social de Dias Gomes. Em 1960, o dramaturgo retornou aos palcos trazendo aquele que seria o maior êxito de sua carreira e que o tornaria internacionalmente conhecido: ***O Pagador de Promessas***. A peça adaptada para o cinema foi o primeiro filme brasileiro a receber uma indicação ao Oscar e o único a ganhar a Palma de Ouro em Cannes.

O Casamento Suspeitoso teve nova adaptação em 2011 e foi levado ao palco do Teatro do SESI-SP. Com direção de Sérgio Ferrara, Prêmio APCA de Melhor Diretor, o espetáculo destacava os imbróglios e armações que antecedem o casamento entre Geraldo (Joaz Campos) e Lúcia Renata (Suzana Alves). Prêmio APCA de Melhor Atriz para Nani Oliveira.

Personagem da peça *O Pagador de Promessas*

♟ O espetáculo *Chiquinha Gonzaga, Ó Abre Alas* foi premiado em 1983 nas categorias Melhor Atriz (Regina Braga) e Direção Musical (Oswaldo Sperandio) pela APCA; Melhor Cenografia e Figurino (Flávio Império) e Direção Musical pela Apetesp; Melhor Atriz para Regina Braga e Melhor Autor para **Maria Adelaide Amaral** pelo Prêmio Molière; Melhor Cenografia pelo Prêmio Mambembe; e Melhor Espetáculo pelo Inacem. O Grande Prêmio da Crítica foi para Osmar Rodrigues Cruz pelos 20 anos de trabalho à frente do Teatro Popular do SESI-SP.

📖 **Artur Azevedo**
Assina o espetáculo *O Escravocrata* com Urbano Duarte. Proibido pelo Conservatório Dramático em 1882, o drama foi publicado em 1884 com prefácio que protestava contra a censura. No mesmo ano, Aluísio Azevedo, irmão de Artur, lançou uma adaptação de *O Mulato* para o teatro. Os textos marcavam o período do **Teatro Abolicionista**, que defendia ideias antiescravagistas.

📖 **José de Anchieta**
Suas obras fazem parte de um período de transição entre as formas cênicas renascentistas e o **Teatro Barroco**, desenvolvido durante a colonização brasileira e encerrado em 1808, com a vinda da família real para o vice-reino.

Muitos autores teatrais estão em paridade no que se refere à importância e consagração, como **Artur Azevedo** 📖, Augusto Boal, Chico de Assis, Domingos de Oliveira, Gianfrancesco Guarnieri, Hamilton Vaz Pereira, Jorge Andrade, **José de Anchieta** 📖, Leilah Assumpção, Machado de Assis, Marcos Caruso, **Maria Adelaide Amaral** ♟, Mário Bortolotto, Mauro Rasi, Miguel Falabella, Nelson Rodrigues, Oduvaldo Vianna Filho, Plínio Marcos, Sérgio Jockyman, Valdemar de Oliveira.

Dentre os diretores de teatro estão Aderbal Freire Filho, Antônio Abujamra, Antunes Filho, Attílio Riccó, Bia Lessa, Bibi Ferreira, Cacá Rosset, Carlos Alberto Soffredini, Celso Frateschi, Décio de Almeida Prado, Eduardo Tolentino de Araújo, Fauzi Arap, Felipe Hirsch, Flávio Rangel, Gabriel Villela, Gerald Thomas, João Falcão, José Agrippino de Paula, José Celso Martinez Corrêa, José Possi Neto, Jô Soares, Júlio Conte, Maria Alice Vergueiro, Naum Alves de Souza, **Osmar Rodrigues Cruz** 🔎, Procópio Ferreira, Samir Yazbek, Silveira Sampaio, Ulysses Cruz, Vladimir Capella, William Pereira e o precursor, o que abriu as portas da nova cena contemporânea, Ziembinski.

🔎 O Teatro Popular do SESI-SP (TPS) foi criado e dirigido por mais de 30 anos por um encenador eclético, criativo e perseverante que se destacou pelo uso apurado das convenções cênicas. Depois de atuar por anos no **Teatro Operário** como ensaiador de um grupo amador das indústrias Rhodia, em Santo André, e coordenar diversas turmas de operários em montagens instigantes para o público da época, **Osmar Rodrigues Cruz** funda o Teatro Experimental do SESI (TE-SESI) em 1959. Ao completar três anos de sucesso, Osmar propõe à Federação das Indústrias a criação do TPS. A companhia estreia com o espetáculo *A Cidade Assassinada*, de Antônio Callado, em 1963. Permanentemente preocupado com a formação do público e enfatizando o repertório clássico em suas escolhas, Osmar monta espetáculos gratuitos destinados aos industriários e organiza debates, seminários e palestras realizados nas fábricas pelos monitores da companhia, atingindo um grande contingente de pessoas que nunca havia sequer pisado num teatro. Atualmente, o espaço cênico chama-se Teatro do SESI - São Paulo e está localizado em plena Avenida Paulista.

🏆 **Nize Silva** recebeu os prêmios Governador do Estado, Molière e APCA de 1968 na categoria de Melhor Atriz por sua atuação no espetáculo *O Milagre de Anne Sullivan*, de William Gibson. Dirigida por Osmar Rodrigues Cruz, a peça levou ainda o APCA de melhor direção e atriz revelação.

Começando pelas atrizes, registramos a contribuição para as artes cênicas de Beatriz Segall, Berta Zemel, Bibi Ferreira, Cacilda Becker, Cleyde Yáconis, Dercy Gonçalves, Dina Sfat, Dulcina de Moraes, Fernanda Montenegro, Glória Menezes, Laura Cardoso, Lea Garcia, Leila Diniz, Lilian Lemmertz, **Maria Della Costa** 📖, Marília Pêra, Marieta Severo, Rosamaria Murtinho, Nair Bello, Nathalia Timberg, Nicete Bruno, **Nize Silva** 🏆, Ruth de Souza, Tônia Carrero e Zilka Salaberry.

Entre os atores, a lista é incontestável quanto ao talento e a importância de cada um para o teatro: Adriano Garib, Amácio Mazzaropi, Antônio Fagundes, Armando Bógus, Ary Fontoura, Ary Toledo, Brandão Filho, Carlos Augusto Strazzer, Carlos Eduardo Dolabella, Carlos Imperial, Carlos Vereza, Cassiano Gabus Mendes, Cecil Thiré, Chico Anysio, Chico Díaz, Cláudio Correia e Castro, Cláudio Mamberti, Cláudio Marzo, Costinha, Dionísio Azevedo, Ednei Giovenazzi, Elias Gleizer, Emiliano Queiroz, Ewerton de Castro, Fábio Sabag, Felipe Carone, Fernando Torres, Flávio Migliaccio, Francisco Cuoco, Fúlvio Stefanini, Geraldo Del Rey, Gianfrancesco Guarnieri, Ítalo Rossi, Lima Duarte, Ney Latorraca, Marco Nanini, Mário Lago, Milton Gonçalves, Paulo Autran, Paulo Goulart, Procópio Ferreira, Raul Cortez, Sérgio Britto, Sérgio Cardoso, Tarcísio Meira.

📖 **Maria Della Costa**
Ao lado de Sandro Polloni, estava à frente do Teatro Popular de Arte, a mais longeva das companhias estáveis de sua época. Em atividade até 1974, a companhia teve importante papel na construção do moderno teatro brasileiro.

Códigos da linguagem

A ideia aqui não é propor um manual de etiqueta e comportamento numa sala de espetáculos. No entanto, se alguns procedimentos forem observados, todos poderão usufruir ao máximo da experiência cênica.

Antes de começar o espetáculo

Chegar na hora combinada é sinal de respeito por aquele que espera. Chegar mais cedo é demonstração de apreço, consideração e interesse. Meia hora é uma boa margem de segurança. Os atores e o corpo técnico do espetáculo e do teatro estão a postos para receber o público; retribuir essa atenção evita atrasos e atropelos. Contudo, eles são inevitáveis e, em certa conta, toleráveis, desde que não ultrapassem a medida do bom senso, nem perturbem a fruição daqueles que chegaram na hora certa e estão sentados em seus lugares.

Esse tempo de antecedência permite que sejam trocados os convites ou adquiridos os ingressos, que devem ser lidos atentamente. Neles estão contidas as informações sobre fileira e número da poltrona a ser ocupada. Em caso de dúvida, consulte os funcionários do teatro, que estão devidamente uniformizados e identificados.

Existem áreas de convivência nos teatros, como saguão de entrada, cafeteria, guarda-volumes, onde as pessoas confraternizam. Muitas vezes, a conversa estende-se e elas podem perder a hora de entrar na sala de espetáculos. A sinalização sonora, uma série de chamadas de campainha, indica que o espetáculo vai começar.

São três chamadas, com intervalos de aproximadamente cinco minutos:
· A primeira, de um toque, avisa a audiência que é chegado o momento de dirigir-se à sala de espetáculos e acomodar-se em sua poltrona;
· A segunda, de dois toques, lembra que a plateia deve desligar completamente seus dispositivos sonoros e luminosos, como **celulares** e máquinas fotográficas. Nesse momento, o teatro apresenta suas condições de segurança;
· A terceira e última chamada, de três toques, informa que o espetáculo começou. A audiência faz silêncio e desse momento em diante ninguém mais entra ou sai da **sala de espetáculos** até o intervalo programado ou o término da encenação.
· Em caso de atraso, o correto é procurar os organizadores do evento para conhecer os procedimentos do local.

Essa forma de lembrar aos espectadores que é preciso fazer silêncio e prestar atenção tem origem nos séculos XVI e XVII. Molière fazia com que um contrarregra desse batidas ritmadas com um **cajado** no assoalho do palco. Eram dez batidas curtas e breves seguidas de mais três rítmicas, pausadas e fortes.

Cajado
Não foi à toa que utilizaram esse instrumento com a finalidade de chamar a atenção da audiência. O acessório tem ligação com a sabedoria dos mais idosos, que o utilizam não só como apoio, mas por ser o cajado mais alto, como uma espécie de antena espiritual que contata o divino.

Celular

Os teatros do SESI-SP abrem suas **salas de espetáculos** com antecedência de 30 minutos, o que traz comodidade e evita atrasos. Conforto, respeito e segurança são atributos indispensáveis para proporcionar uma excelente experiência cultural.

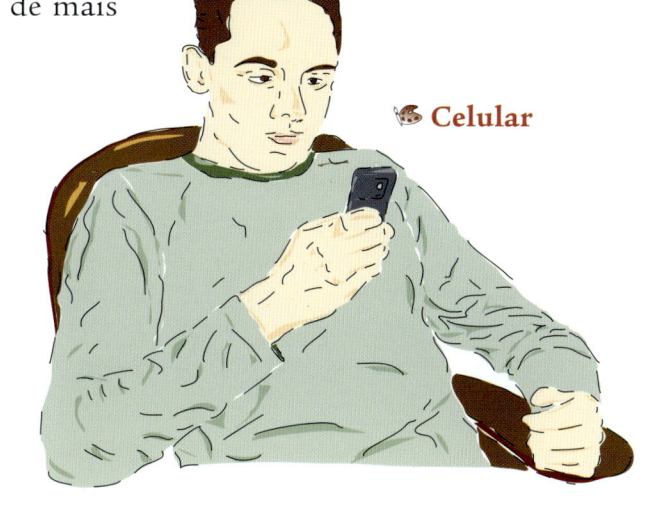

Durante o espetáculo

Há basicamente dois públicos frequentadores de espaços culturais: o infantil e o adulto. O infantil é naturalmente mais extrovertido e interativo com a apresentação, cujo formato incentiva essa atitude, contudo, a sala de espetáculos não é um playground ou uma sala de TV. Ao contrário, as crianças devem ser previamente preparadas e instruídas sobre sua correta postura. A liberdade de sair, entrar, falar, comer, brincar, dançar e fazer outras coisas ao mesmo tempo não é a mesma numa sala de espetáculos. Ao assistir à apresentação, deve-se ter em conta que não se está sozinho, algumas atitudes podem atrapalhar aquele que está ao lado, ou em volta na plateia, e a concentração de quem está no palco se apresentando.

O ator empresta corpo e alma ao personagem, atinge um alto grau de concentração e qualquer distração atrapalha seu desempenho. Assim, principalmente em espetáculos para o público adulto, quanto menos o espectador der sinais de sua presença, melhor. A atração está no palco, não na plateia. Fazer ruído com papéis de bala, mascar chicletes, cochichar, falar, tossir, rir e chorar, tudo é permitido, desde que discreta ou imperceptivelmente. Portanto, o bom senso, a educação e o respeito pelo próximo sempre devem reger nossos atos. Um espetáculo cênico não exige o silêncio de uma apresentação de música erudita, mas a atitude prevalente deve ser a da contenção para que a experiência dos outros não seja prejudicada.

O celular, grande vilão das salas de espetáculos, até pode, por acidente ou inadvertidamente, tocar *uma* vez, mas a *segunda* será uma gafe imperdoável, sobretudo se o espectador atender a chamada. Certifique-se de que o aparelho esteja desligado antes de entrar na sala de espetáculos, pois som e luz interferem no espaço. Esse vilão vira mocinho, principalmente, se for usado depois de encerrar a apresentação para recomendar a atração aos amigos.

Depois do espetáculo

O aplauso e as manifestações de apreço são bem-vindos. Os atores e a equipe técnica são estimulados por essas demonstrações. No entanto, o silêncio e a reflexão podem ser igualmente motivadores. A participação em encontros ou debates com a companhia teatral, se houver, é importante para consolidar a **experiência cultural**.

Merda!

Palavra de apreço, augúrio, crédito, deferência, estima e estímulo adotada no Brasil como forma de desejar sucesso aos artistas antes da estreia de um espetáculo. Na Itália, o termo é substituído pela expressão *In bocca al lupo!*, na boca do lobo, provavelmente surgida entre antigos caçadores.

Do francês *mérde* vem a interjeição mais utilizada nos bastidores, nos camarins e nas coxias minutos antes da abertura da cortina. Desejar *Merda!* ou *Muita merda pra você!* acabou transformando-se num carinhoso ritual que é repetido há séculos entre atores, criadores, técnicos e produtores.

Muitas são as versões sobre a origem do termo. Uma delas dá conta de que na Grécia Antiga os espetáculos mais críticos tinham como alvo políticos e determinadas classes da sociedade. Insatisfeitos com o julgamento e a depreciação de sua imagem, no final das apresentações esses espectadores jogavam merda nos atores, que comemoravam o fato por ter atingido seu objetivo, emprestando maior repercussão pública à encenação.

Ao explorar o potencial pedagógico dos conteúdos apresentados em cada um dos seus espetáculos cênicos, o SESI-SP promove a inserção e a iniciação de novos públicos, facilitando ações de apropriação, reflexão e percepção, numa enriquecedora **experiência cultural.**

Outros acreditam que o mantra teve origem na França, na época em que o público chegava ao teatro em carruagens puxadas por cavalos que ali estacionavam, deixando espalhados seus excrementos. Ao final do espetáculo, as imediações do edifício teatral ficavam lotadas de dejetos e o odor reinava pelas ruas. A cena fatalmente virou medida de sucesso das montagens a cada temporada: quanto maior o número de espectadores, maior a área suja do lado de fora, e a expressão passou a significar boa sorte para a companhia.

Há quem narre a história de um ator que a caminho do teatro para uma apresentação importante, com a presença dos críticos locais, enfrentou todos os infortúnios possíveis. Um incêndio obrigou-o a mudar o percurso, ele perdeu-se, atrasou-se e passando por um excremento deixou lá a marca da sola de seu sapato. Ao entrar em cena, depois de tantas adversidades, o ator afortunado foi capaz de realizar a melhor atuação de toda a sua vida e *Merda!* passou a ser quase uma oração.

É bom saber que no meio teatral ninguém deseja sorte nem agradece o cumprimento, pois a crença diz que ambos dão azar. Ao ouvir *Merda!* ou *In bocca al lupo!*, a resposta só pode ser *Merda!* ou *Crepi il lupo!*, mate o lobo, para atrair definitivamente o sucesso.

Símbolos

A máscara da comédia e a da tragédia

Alegria e tristeza representam os dois extremos do estado de espírito humano. Entre eles, uma vida inteira acontece. As artes cênicas são representadas iconicamente pelas duas máscaras, que são aparentemente antagônicas, mas estão sempre lado a lado, como a nos lembrar que a história é feita de momentos, de cenas que a memória revive na voz e na pele do ator sobre o palco iluminado.

No início, na Grécia Antiga, as tragédias eram consideradas histórias do homem superior — de elevada moral, afeito ao sacrifício, que põe sua vida em favor de uma causa ou de um amor proibido. Já as comédias retratavam os homens ditos inferiores.

Este parece ser o material preferencial dos comediantes: mostrar a imperfeição, o desajuste, o imoral, tirando graça e lições que não são nada inferiores, com bom humor, liberdade e irreverência, e também com reflexão, crítica social, conscientização de valores de convivência entre diferentes.

A marca da alegria

A **bolinha vermelha na ponta do nariz** 🐞 ou o nariz pintado de vermelho são a menor fantasia do mundo e representam o palhaço. Como um brinquedo, um joão-bobo desengonçado e engraçado, de tanto bater o nariz no chão e nas coisas tamanha é sua peraltice, já não causa tanta dor. O *homem de palha* arranca sorrisos e o seu nariz simboliza bom humor, encantamento e descontração.

🐞 **Bolinha vermelha na ponta do nariz**

Curiosidades

Inspiração da arquitetura do Teatro Municipal de São Paulo

Inaugurado em 1911, o principal monumento ao teatro de São Paulo foi desenhado pelo arquiteto mais famoso da época, Ramos de Azevedo. Sua inspiração foi o teatro Ópera de Paris, uma das obras-primas da arquitetura de seu tempo, construído em estilo neobarroco e inaugurado em 1669.

Invenção da claque

Desde o século V, na Grécia e das aparições de Nero, em Roma, a audiência contava com um grupo de pessoas contratadas para aplaudir efusivamente os atores nas entradas de palco, na tentativa de influenciar a plateia. Era a claque, que se profissionalizou na França, no século XIX, e passou a participar das montagens operísticas. No Brasil, atuavam nas cenas de bravura e exaltação e na aparição das estrelas das companhias e eram presença garantida no Teatro de Revista.

🐞 Anfiteatro

Diferença entre anfiteatro e teatro

Os **anfiteatros** 🐞 são arenas ovais ou circulares ao ar livre cercada de degraus que servem de arquibancada. O teatro é um prédio coberto cujo palco se posiciona numa das paredes de frente para a plateia.

Origem da palavra *teatro*

Do termo grego *theatron* — verbo ver, substantivo vista. Segundo a *Enciclopédia Britânica*, a palavra *teatro* deriva do grego *theaomai* (θεάομαι), que significa olhar com atenção, perceber, contemplar.

Origem do aplauso

Há mais de 3 mil anos o homem aplaude. No início era somente um gesto de caráter religioso baseado em rituais pagãos, o barulho servia para atrair a atenção dos deuses. Posteriormente, o aplauso foi solicitado por artistas do antigo teatro clássico grego aos seus espectadores como forma de invocar espíritos protetores da arte. Na Roma pré-cristã, tornou-se um hábito difundido nos eventos públicos.

Performáticas criaturas

Em 1982, a **Performance** surge no cenário das instituições culturais brasileiras, resgatando um pouco do trabalho de intervenção artística nascido com o grupo norte-americano Fluxus, passando pelas criações de Flávio de Carvalho desde os anos de 1930, pelo legado de Lygia Clark e Hélio Oiticica, nos anos de 1960 e 1970, pelas leituras de António Manuel, Lygia Pape, Ivald Granato, entre outros, e pelo grupo Viajou sem Passaporte, que em suas intervenções interrompia apresentações de outras companhias.

Mixando linguagens e experimentando novas relações com o público e com o espaço, surgem importantes contribuições: Ivaldo Bertazzo, na dança; Arnaldo Antunes & Go, dos grupos Gang 90 e Absurdettes, na música; Guto Lacaz, Artur Matuck e Nazareth Pacheco, nas artes visuais; Denise Stoklos e a Tribo de Atuadores Ói Nóis Aqui Traveiz, no teatro; TVDO, Fernando Meirelles, Thunderbird e Cazé, no audiovisual.

Primeiras cenas teatrais

As antigas civilizações já faziam teatro, como a egípcia, há cerca de 3,2 mil anos a.C., e a chinesa, há 2,2 mil a.C.

Teatro Amazonas, um monumento em meio à selva amazônica

Em 1840, o Forte de São José da Barra do Rio Negro, como Manaus era então chamada, já possuía um teatro ao ar livre. O Teatro Amazonas, principal patrimônio cultural e arquitetônico do Amazonas, existe no projeto desde 1881, cuja autoria é do deputado A. J. Fernandes Júnior. A obra teve início no final de 1884 e por desentendimentos entre os governantes foi inaugurada somente em 31 de dezembro de 1896. Manaus vivia o auge da *Belle Époque*, financiada pelo látex — seiva leitosa extraída das seringueiras, árvores que incidiam na região amazônica —, material fundamental na fabricação da borracha.

Para saber mais

ARISTÓTELES. **Poética**. Tradução, prefácio, introdução, compêndio e apêndices: Eudoro de Sousa. 4. ed. Lisboa: Imprensa Nacional; Casa da Moeda, 1994 (Coleção Estudos Gerais. Série Universitária).
BOILEAU-DESPRÉAUX, Nicolas. **A arte poética**. Tradução, introdução e notas: Célia Berrettini. São Paulo: Perspectiva, 1979 (Coleção Elos).
COSTA, Lígia; REMÉDIOS, Maria Ritzel. **Histórico do gênero trágico desde o mundo grego até a época contemporânea**. São Paulo: Ática, 1988. (Coleção Fundamentos).
COSTA, Lígia. **A poética de Aristóteles**: mímese e verossimilhança. São Paulo: Ática, 1992. (Coleção Fundamentos).

Circo

Filme

DOUTORES da Alegria. Direção: Mara Mourão. Produção: Fernando Dias. São Paulo: Mamo Filmes, Grifa Mixer, 2005. 96 min, son. color. [Documentário. Brasil.]. Sinopse: O filme mostra a maneira especial com que os palhaços enxergam o mundo: seu olhar aberto e repleto de frescor e ousadia em lugares inusitados como fábricas, hospitais e bolsas de valores.
O CIRCO. Direção e produção: Charles Chaplin. Los Angeles: Charles Chaplin Productions, 1928. 71 min, mudo, P&B. [Comédia, drama, romance. EUA.]. Sinopse: Ao fugir da polícia, o vagabundo acaba num

circo. Sem querer, ele entra no espetáculo e faz grande sucesso com o público, sendo logo contratado pelo dono, que irá se aproveitar de sua inocência.

O MAIOR espetáculo da Terra. Direção e produção: Cecil B. DeMille. Los Angeles: Paramount Pictures, 1952. 152 min, son., color. [Drama. EUA.]. Sinopse: Épico sobre o mundo do circo, ganhador do Oscar de 1952.

O PALHAÇO. Direção: Selton Mello. Produção: Vânia Catani, Selton Mello. Rio de Janeiro: Bananeira Filmes, Globo Filmes, 2011. 88 min, son., color. [Drama. Brasil.]. Sinopse: Benjamim (Selton Mello) e Valdemar (Paulo José) formam a dupla de palhaços Pangaré e Puro Sangue. Eles vivem pelas estradas na companhia da divertida trupe do Circo Esperança. Benjamim acha que perdeu a graça e parte em uma aventura atrás de um sonho.

OS PALHAÇOS. Direção: Federico Fellini. Roma: Radiotelevisione Italiana (RAI), Compagnia Leone Cinematografica, 1971. 92 min, son., color. [Documentário, comédia. Alemanha, França, Itália.]. Sinopse: Mistura de realidade e ficção num olhar carinhoso para os palhaços de diversas épocas, o filme é recheado de números cômicos.

Livro

ANTUNES, Jacques. **Circo**: eterno tráfego de vida e sonho. Fortaleza: Expressão Gráfica, 2010.
AVANZI, Roger; TAMAOKI, Verônica. **Circo Nerino**. São Paulo: Códex; Pindorama Circus, 2004.
BLANDINA, Franco. **Dona Zulmira vai ao circo**. São Paulo: Texto Editores, 2011.
FROTA, Walesca. **Circo**: um olhar poético. Fortaleza: Expressão Gráfica, 2010.
MURRAY, Roseana. **O circo**. São Paulo: Paulus, 2011.
PITELLA, Lucas M. **Circo Massimo**: os palhaços. [S.l.]: Lucas Moller Pitella, 2012.
SILVA, Antonia Francisca da. **O circo chegou**. São Paulo: Reverbo, 2009.
SILVA, Erminia; ABREU, Luís Alberto de. **Respeitável público... o circo em cena**. Rio de Janeiro: Funarte, 2010.

WALLON, Emmanuel (Org.). **O circo no risco da arte**. Belo Horizonte: Autêntica, 2009.

Música

BATATINHA. O circo. In: MARIA BETÂNIA. **Drama**. [S.l.]: Universal, 1972.

BEN, Jorge. O circo chegou. In: _____. **Ben**. [S.l.]: Universal, 1972.

MILLER, Sidney. O circo. In: LEÃO, Nara. **Nara tropicália**. [S.l.]: Universal, 2008.

Dança

Filme

BILLY Elliot. Direção: Stephen Daldry. Londres: StudioCanal, Tiger Aspect Productions, 2000. 111 min, son., color. [Comédia, drama, musical. Reino Unido, França.]. Sinopse: Garoto de 11 anos vive numa pequena cidade. O pai obriga-o a treinar boxe, mas ele é fascinado com o balé. Enfrentando a contrariedade da família, ele se dedica à dança mostrando um talento invejável.

CANTANDO na chuva. Direção: Stanley Donen, Gene Kelly. Los Angeles: Loew's, MGM, RKO-Pathe Studios, 1952. 118 min, son., color. [Comédia, musical. EUA.]. Sinopse: Don Lockwood (Gene Kelly) e Lina Lamont (Jean Hagen) são dois dos astros do cinema mudo em Hollywood. Com a chegada do cinema falado, a dupla tem de encontrar uma forma de manter a fama conquistada.

CISNE negro. Direção: Darren Aronofsky. Los Angeles: Fox Searchlight Pictures, Cross Creek Pictures, 2011. 108 min, son., color. [Drama, suspense. EUA.]. Sinopse: A primeira bailarina de uma prestigiada companhia está prestes a se aposentar. O posto fica com uma jovem bailarina atormentada pela elevada exigência da mãe, uma ex-bailarina, que projeta para a filha uma carreira de sucesso que ela gostaria para si.

DANÇA comigo? Direção: Peter Chelsom. Santa Monica: Miramax Films, 2004. 95 min, son., color. [Drama. EUA.]. Sinopse: A história de um homem que sente algo lhe faltar a cada dia, mesmo tendo um emprego maravilhoso e uma esposa bonita. Ele descobre uma paixão avassaladora pela dança.

O PICOLINO. Direção: Mark Sandrich. Los Angeles: RKO Radio Pictures, 1935. 101 min, son., P&B. [Comédia, musical. EUA.]. Sinopse: Em Londres, um dançarino americano está ensaiando um número de sapateado em seu quarto de hotel e incomoda a vizinha do quarto de baixo. Ele se apaixona e, gradativamente, ela também começa a flertar. Uma série de mal-entendidos e confusões acontecem.

PINA. Direção: Wim Wenders. Berlin: Neue Road Movies, 2011. 103 min, son., color. [Documentário. França, Reino Unido, Alemanha.]. Sinopse: Um espetáculo de dança e teatro inspirado no trabalho da coreógrafa alemã Pina Bausch, ressaltado em seus detalhes, formas e cores por meio da tecnologia 3D. O espetáculo é estrelado por dançarinos da cidade de Wuppertal e seus arredores, local de origem de Pina e considerado por ela a fonte de sua força criativa.

Livro

BOGÉA, Inês. **O livro da dança**. São Paulo: Companhia das Letrinhas, 2002.

BOURCIER, Paul. **História da dança no ocidente**. São Paulo: Martins Fontes, 2001.

FERNANDES, Ciane. **Pina Bausch e o Wuppertal dança-teatro**: repetição e transformação. São Paulo: Annablume, 2007.

GODOY, Kathy Amaria Ayres de. **Oficinas de dança e expressão corporal**. São Paulo: Cortez, 2009.

GOYER, Katell. **Dançarinas do mundo**. São Paulo: Ciranda Cultural, 2010.

GUEDES, Aline Pamplona. **Um novo olhar para a arte da dança**. Vitória: Aline Pamplona Guedes, 2010.

HAAS, Jacqui Greene. **Anatomia da dança**. Tradução: Paulo Laino Cândido. Barueri: Manole, 2010.

VIANNA, Klauss. **A dança**. São Paulo: Summus, 2005.

Música

BUARQUE, Chico. Ela é dançarina. In: _____. **Almanaque**. [S.l.]: Universal, 1981.
DJAVAN. Bailarina. In: _____. **Vaidade**. Rio de Janeiro: Luanda Records, 2004.
LOBO, Edu; BUARQUE, Chico. Ciranda da bailarina. In: PARTIMPIM, Adriana. **Adriana Partimpim**. [S.l.]: Sony, 2004.
SEIXAS, Américo; SILVA, Dorival. Vida de bailarina. In: REGINA, Elis. **Elis**. [S.l.]: Universal, 1972.
TOQUINHO; MUTINHO. A bailarina. In: AZEVEDO, Dionísio; LINS, Lucinha; BUARQUE, Chico et al. **Casa de brinquedos**. [S.l.]: Universal, 1983.

Ópera

Filme

AMADEUS. Direção: Milos Forman. Produção: Saul Zaentz. Berkeley: The Saul Zaentz Company, 1984. 160 min, son., color. [Drama. EUA.]. Sinopse: A história de Mozart, o mais prodigioso e irreverente compositor da música de todos os tempos.
O FANTASMA da ópera. Direção: Joel Schumacher. [S.l.]: Warner Bros. Pictures, 2004. 143 min, son., color. [Drama, fantasia. EUA.]. Sinopse: A jovem Christine Daae (Emmy Rossum), substitui La Carlotta (Minnie Driver), a diva temperamental, numa encenação da ópera, fazendo estrondoso sucesso. Christine tem um tutor misterioso que a acompanha nas sombras e vê tudo o que acontece no teatro — o Fantasma da Ópera (Gérard Butler).

Livro

BLUNDI, Antônio. **A ópera e seu imaginário**. Rio de Janeiro: Lacerda, 2005.

BOURNE, Joyce. **Ópera**: os grandes compositores e as suas obras-primas. Lisboa: Editorial Estampa, 2009.

CASOY, Sérgio. **A invenção da ópera ou a história de um engano florentino**. São Paulo: Algol, 2007.

_____. **O nascimento da ópera**. São Paulo: Alyá, 2008. 1 CD. (Série Música Clássica).

COELHO, Lauro Machado. **A ópera inglesa**. São Paulo: Perspectiva, 2005.

DUNTON-DOWNER, Leslie; RIDING, Alan. **Guia ilustrado Zahar de ópera**. Rio de Janeiro: Jorge Zahar, 2010.

KOBBÉ, Gustave. **Kobbe**: o livro completo da ópera. Rio de Janeiro: Jorge Zahar, 1997.

Música

BIZET, Georges. Acte I, n. 6: duo: ma mère, je la vois. In: LONDON SYMPHONY ORCHESTRA. **Carmen**. [S.l.]: Universal, 1977.

GLUCK. J'ai perdu mon Eurydice "Orfeo y Eurydice". In: CALLAS, Maria. **The great masters of the opera**. [S.l.]: Music Brokers, 2009.

PONCHIELLI, Amilcare. La gioconda: act 2 – cielo e mar! In: PAVAROTTI, Luciano. **Pavarotti's greatest hits**: the ultimate collection. [S.l.]: Universal, 2006.

ROSSINI, Gioacchino. Il barbiere di Siviglia. In: REINER, Fritz. **Rossini**: overtures. [S.l.]: Sony, 2005.

VERDI, Giuseppe. Overture to Nabucco. In: MUTI, Riccardo. **Verdi**: overtures & preludes. [S.l.]: Sony, 2001.

VERDI, Giuseppe; PIAVE, Francesco Maria. Rigoletto: ella mi fu rapita. In: CARUSO, Enrico. **Great opera arias**. [S.l.]: Sony, 2003.

Teatro

Filme

A BELA do palco. Direção: Richard Eyre. Santa Monica: Lions Gate Films; Londres: Qwerty Films; Nova York: Tribeca Productions, 2004. 100 min, son., color. [Drama. EUA, Reino Unido.]. Sinopse: Em 1660, todos os papéis eram interpretados por homens; até que o rei, cansado de ver sempre o mesmo ator nos papéis femininos, decide permitir que as mulheres atuem. O maior ator feminino da época perde a função.

A VIAGEM do capitão Tornado. Direção: Ettore Escola. Bancoc: Massfilm, 1990. 132 min, son., color. [Comédia. França, Itália.]. Sinopse: Na França de 1774, o herdeiro de uma família nobre sai de seu castelo para acompanhar uma trupe de teatro itinerante a caminho da corte numa viagem de amor ao teatro mais puro, em que os personagens se confundiam com os atores e a convivência tornava-os uma família.

ADEUS, minha concubina. Direção: Chen Kaige. Pequim: Beijing Film Studio, China Film; Los Angeles: Maverick Picture Company; Hong Kong: Tomson Films, 1992. 171 min, son., color. [Drama, musical, romance. Hong Kong, China.]. Sinopse: Dois homens que passaram a vida trabalhando na Ópera de Pequim, um interpretando o rei e outro sua concubina, se reencontram após o fim da revolução cultural.

AS AVENTURAS de Molière. Direção: Laurent Tirard. Paris: Fidélité Productions, 2007. 120 min, son., color. [Comédia, romance. França]. Sinopse: A história do jovem autor e diretor teatral conhecido como Molière, que, em 1658, zombava da nobreza em suas peças popularescas que encenava pela França. Preso por dívidas, ele é ajudado por um homem rico, que pede que ele encene uma peça, para ajudá-lo a seduzir sua amada.

O FIEL camareiro. Direção: Peter Yates. Culver City: Columbia Pictures, Goldcrest Films, World Film Services, 1983. 118 min, son., color. [Comédia dramática. Reino Unido.]. Sinopse: Durante a Segunda Guerra Mundial, um velho ator shakespeariano, frustrado e senil, comanda uma companhia, que continua encenando. Ele exerce uma liderança tirânica e é cuidado por um camareiro, exageradamente submisso, que o protege e até o ajuda a se lembrar de suas falas durante as peças.

SHAKESPEARE apaixonado. Direção: John Madden. [S.l.]: Universal Pictures, Miramax Films, Bedford Falls Productions, 1998. 123 min, son., color. [Comédia dramática. EUA, Reino Unido.]. Sinopse: O ambiente londrino na época áurea de William Shakespeare, um jovem talentoso enfrentando um bloqueio criativo. O ótimo roteiro ilustra o negócio do teatro, entrelaçando-se com fatos de sua vida pessoal, que teriam inspirado seus textos. O filme ganhou 7 Oscars.

Livro

ARÊAS, Vilma. **Iniciação à comédia**. Rio de Janeiro: Jorge Zahar, 1990. (Coleção Letras).

BARTHES, Roland. **Escritos sobre o teatro**. São Paulo: Martins Fontes, 2007.

BENTLEY, Eric. **O dramaturgo como pensador**: um estudo da dramaturgia nos tempos modernos. Tradução: Ana Zelma Campos. Rio de Janeiro: Civilização Brasileira, 1991.

BRANDÃO, Junito de Souza. **Teatro grego**: tragédia e comédia. 2. ed. Petrópolis: Vozes, 1984.

CARLSON, Marvin. **Teorias do teatro**: estudo histórico-crítico dos gregos à atualidade. Tradução: Gilson César Cardoso de Souza. São Paulo: Unesp, 1997. (Prismas).

D'ONOFRIO, Salvatore. **Teoria do texto**: teoria da lírica e do drama. São Paulo: Ática, 1995. v. 2.

ESSLIN, Martin. **O teatro do absurdo**. Tradução: Bárbara Heliodora. Rio de Janeiro: Zahar, 1968.

FO, Dario. **Manual mínimo do ator**. São Paulo: Senac, 2004.

MAGALDI, Sábato. **Iniciação ao teatro**. 4. ed. São Paulo: Ática, 1991. (Série Fundamentos, 6).

ORTEGA Y GASSET, José. **A idéia do teatro**. Tradução: J. Guinsburg. São Paulo: Perspectiva, 1991.

PIRES, Ericson. **Zé Celso e a Oficina-Uzyna de Corpos**. São Paulo: Annablume, 2005.

PRADO, Décio de Almeida. A personagem no teatro. In: CANDIDO, Antonio et al. **A personagem de ficção**. 10. ed. São Paulo: Perspectiva, 2007.

VENEZIANO, Neyde. **De pernas para o ar**: teatro de revista em São Paulo. São Paulo: Imprensa Oficial, 2006.

Música

BARROSO, Ary; PEIXOTO, Luís. Na batucada da vida. In: NÚCLEO INFORMAL DE TEATRO. **Aquarelas do Ary**. Rio de Janeiro: Saladesom Records, 2012.

BUARQUE, Chico. Tempo e artista. In: QUARTETO EM CY. **Tempo e artista**. Rio de Janeiro: CID, 1994.

COSTA, Suely; SILVA, Abel Bernardo da. Vida de artista. In: COSTA, Gal. **Água viva**. [S.l.]: Universal, 1978.

GIL, Gilberto. Palco. In: DJAVAN. **Ária**. Rio de Janeiro: Luanda Records, 2010.

LACERDA, Benedito; CABRAL, Aldo. No palco da vida. In: LACERDA, Benedito. **Benê, o flautista**. São Paulo: Maritaca, 2010.

LOBO, Fernando; ANTÔNIO MARIA. Preconceito. In: NÚCLEO INFORMAL DE TEATRO. **A noite é uma criança!** Rio de Janeiro: Saladesom Records, 2008.

Valores Culturais

Projeto editorial, produção e pesquisa
Armazém de Ideias

Redação final
Edison Rodrigues Filho

Equipe de redação
Clodoaldo Minetto
Rita de Cássia Garcia Jimenez
Rosemary Roggero
Taís Tanira Rodrigues

Equipe de revisão
Lívia Bianchi Ceolin
Telma Iara Mazzocato

Programação visual
Phábrica de Produções

Projeto gráfico e ilustrações
Alecsander Cavalcanti Coelho

Equipe de diagramação
Alexandre Luis Floriano
Carolina Ricciardi
Marcelo Macedo
Ricardo Ordonez
Rodrigo Alves

Coordenação técnica
Paulo Ciola

Este livro foi composto nas fontes ITC Legacy Serif e ITC Legacy Sans, impresso em offset pela Rettec Artes Gráficas e Editora, em papel couché fosco 150 g/m² (miolo) e papel duodesing 350 g/m² (capa), para SESI-SP Editora, na cidade de São Paulo, em julho de 2012.